세계경흠 새한글 신론

방석종 지음

성서역사연구회

2020

Universal Hangul

Introduction to the Neo-Korean Orthography

Suk-Chong Pang

Institute of Biblical History Press

2020

세계정음 새한글 신론

초판 인쇄 2020년 12월 10일
초판 발행 2020년 12월 10일

저　자 방석종
편집인 김경식
발행인 방석종
발행처 성서역사연구회
　　　　인천시 남동구 덕골로 158-12 101호 (032-466-9925)
　　　　simcha12@hanmail.net
등　록 2013년 11월 19일 (제311-2013-000079호)
인쇄처 조명문화사
　　　　서울 중구 장충단로4길 24-6 (02-498-3015)

ISBN　979-11-951570-1-3　93700

정가 12,000원

목 차

서문 / 7

1장 서설: 훈민정음의 세계화 / 11

    1. 한글 세계 문자화와 우리의 자세 / 12

    2. 한문과 훈민정음의 정치사적 관계 / 16

    3. 세계문자문명을 위한 조선백성의 새로 고친 국문 연구 / 19

    4. 일본의 한글 금지를 막아낸 국문연구소 (1907년) 전통 / 22

    5. 서구문화의 토대는 라틴어 / 25

2장 새한글 신론: 한글 확장의 실제 / 29

    2-1. 잃어버린 훈민정음 자모들의 활용 / 30

    1. 세계문자인 훈민정음의 아종(亞種) 한글 / 30

    2. 세계문명 문자들과 어깨동무한 반모음 아래아 (ㆍ) / 34

    3. 훈민정음 28자모와 이체자에 나타난 외래 발음의 자모들 / 37

    4. 국제음성 기호에 사라진 한글4자모 등록 / 54

    2-2. 새한글의 연음표기 방안 / 62

    1. 경세정운도설 / 62

    2. 여린 비읍(ㅂ/ㅸ) 제자원리와 영어발음 / 77

3. 여린 비읍(ㅂ/ㅸ)과 일본어 탁음 비교 / 81

4. ㅸ의 미가법과 그의 상위 미가법 / 85

5. 연음의 외국어 표기의 사례들 / 89

6. 연음자음을 병서로 하는 것의 단점과 개선책 / 93

7. 소운자 ㅱ(연서) aw ao au에 관하여 / 103

2-3. 새한글을 통한 외국어 음가 표현 / 112

1. 한글과 히브리어 문자 비교 / 112

2. 한민족 디아스포라의 문자 / 114

3. 훈민정음을 활용한 히브리어 음가 표기 방안 / 117

4. 한글 4도(度) 음가표기의 세계화 / 137

5. 외국어 표기를 위한 한글과 로마자, 히브리어 / 149

6. 라틴(로마자)어 발음과 동등(同等)한 한글 발음들 / 157

7. 한글 자음의 로마자 음역과 모음 기호 / 162

8. 구강상형 5개 음 / 166

3장 결론 / 171

1. 훈민정음 전통을 따른 세계정음 한글 / 172

2. 인류 문명사 속에서의 한글의 외국어 표기 / 176

참고문헌 / 180

서 문

한글이 창제된 지 600년이 가까운 세월이 흘렀다. 어려운 뜻글자 한문 표기의 한계와 문제점을 극복하기 위해 만들어진 한글은 그 과학적인 창제 원리가 세계적으로도 널리 인정받고 있다. 그런데 언어는 생물과도 같아서 오랜 시간 속에서 끊임없이 변화해 왔으며, 그에 따라 한글의 표기 방식이나 표기법도 많은 변화를 거쳐왔다.

지금 우리는 이미 세계화의 물결 속에서 살고 있다. 우리의 언어에는 이미 수많은 외래어 적인 표현들이 들어와 있다. 그런데 이 외래적인 표현들이 갖고 있는 고유한 음가와 소리는 우리 말 안으로 들어오면서 우리의 방식으로 바뀌어 정착되어 왔다. 그러다 보니 같은 말이라 할지라도 우리식으로 발음되는 외래어를 정작 현지인들은 알아듣지 못하는 현상이 벌어지고 있다. 언어의 내용은 상당부분 세계화되었으나 소리는 그렇지 못한 형편인 것이다.

이러한 상황에서 필자가 새롭게 제안하려는 것은 한글도 세계의 언어를 원음 그대로 표기할 수 있는 세계 문자로 새롭게 발돋움해야 한다는 것이다.

현재 한글은 다른 언어의 음가를 표기하기에는 자음 음가의 수가 부족하다. 예를 들면, 영어 알파벳 21개, 슬라브어 23개, 한어 21개, 히브리어 22개에 비해 한글은 14개의 자음뿐이다. 또한 라틴어와 슬라브어, 한어 그리고 히브리어는 모음의 장단 표기가 표기되지만 한글은 모음을 장단으로 표기하는 장치가 없다. 그 외 어휘의 고저 악센트 장치도 부재한 형편이다.

이러한 한글의 한계를 보완하기 위해 필자는 우선 훈민정음 28개 중 사라진 자모들, 즉 ㅿ(z), ㆁ(y/j), ㆆ(ˊ), ㆍ(ə) 등의 글자들, 그리고 여린 비읍(ㅸ w)의 제자 원리에 기반한 연음을 표현하는 이체자들인 ㅱ (aw), ㅭ (hr), ㆄ (f) 등과 더불어 필자가 새롭게 제안하는 연음 글자들인 ㄱ̇(ç) ㄷ̇(ɲ) ㅋ̇(k) ㅌ̇(θ) 등의 글자들을 기존의 한글 체계에 보충함으로 다양한 외래 발음들을 정확하게 표현해 낼 수 있는 표기 체계를 마련해야 함을 주장하고자 한다.

이런 의미에서 현행 한글 17자음에 쓰지 않고 사장된 자음 6-8 자음들을 복원하면 23개 자음이 되는 한글자음은 히브리어 성서나 중국·인도의 종교경전 문자를 원음으로 음역하여 온전한 표기로 정확하게 읽게 되리라 본다.

이 책은 필자가 2008년에 출간했던 "훈민정흠의 세계 문자화"(전통문화연구회)를 보완, 발전시킨 것이다. 이 책에는 동국대학교 정우영 교수와 서울대학교 故이응백 교수의 추천사가 포함되어 있다.

정우영 교수는 "용비어천가", "훈민정음언해", 그리고 "석보상절" 등의 문헌에서 중국어와 산스크리트 등과 같은 언어들이 훈민정음으로 음역 표기되어 있는 예를 들면서, 본래 훈민정음이 고유어 표기에만 머물지 않고 세계언어까지 표기하고자 창제된 것임을 올바르게 지적하고 있다. 정우영 교수는 필자가 여린비읍 제자원리에 기초한 훈민정음 제자 원리를 원용하여 한글 확장을 시도했던 제안을 긍정적으로 보았으며, 당시의 연구가 훈민정음의 음가에 대한 깊이 있는 선구적인 저작이라 평가하였다.[1]

故이응백 교수 역시 훈민정음 제자 원리와 한글의 모아쓰기 원리를 활용한 필자의 한글 확장 연구에 대해 긍정적으로 평가해 주었고, 세종대왕의 폭넓은 정신을 현실에 맞게 적용한 연구라는 찬

---

[1] 방석종, 『훈민정흠의 세계 문자화』, 전통문화연구회, 7-10쪽.

사를 해 주었다.[2] 이 지면을 빌어 두 분 교수님에게 감사의 마음을 다시 한번 전하고 싶다.

　온국민은 한 마음으로 훈민정음 28자모와 여린 양순음 ㅸ 원리에 대하여 역사문헌에 귀를 기울이고 성찰하였으면 한다: "현행 한글 24자모는 1933년 조선어학회가 한글 맞춤법 통일안으로 4자모와 이체자를 제거한것이 훈민정음 해례(1446년)를 이해하지 못한 데 있다는 것을 통감하고 사라진 자모와 이체자들을 살려야 하겠다."

　세계정음 새한글 신론 저술을 위해 함께 여린 양순음 ㅂ 제자 원리에 따라 ㅋ ㄷ ㅋ ㅍ ㅌ 이체자 도안을 제작하고 편집원고 작업을 위해 오랜 시간에 걸쳐 출판하기까지 공동협력을 한 김경식 박사에게 심심한 감사를 드린다. 그의 손이 아니었으면 이룰 수 없었던 창조적인 작업임을 알린다.

---

[2] 방석종, 『훈민정흠의 세계 문자화』, 전통문화연구회, 5-6쪽.

1장 서설: 훈민정음의 세계화

1. 한글 세계 문자화와 우리의 자세

- 기무라 PD의 "남산 전망대 Pusan이 아니라 Busan? 한국어 영문표기, 일본인에겐 너무 어려워요"를 읽고서-

우리 대한의 한민족(韓民族)은 중국 한민족(漢民族)과 동양문화를 이룬 문화 민족이요, 동양의 정신적 지주(精神的 支柱)이다. 한민족(韓民族)은 지구와 세계가 동서양(東西洋)으로 구분(區分)되기 전 약 1만 년 전부터 북서지대에서 동북으로 이동했던 역사가 있기 때문이다. 특히 말과 글이 우랄 알타이어족 계에 속하고 있어, 그의 오랜 역사 전통을 가지고 있다. 그럼에도 역사적-문화적으로 한민족은 중국 한자어의 음을 빌어서 우리말을 표기(이두문자)하여 쓰면서 전달이 부정확하며, 그런 문자를 쓰기가 힘들어서 여간 불편하지 않았다. 그래서 15세기 중엽 세종대왕이 훈민정음 28자를 만들어서 쓰게 했으며, 그 당시 인도의 종교 문헌 석보상절과 월인천강지곡의 번역과 중국 몽고 그리고 일본과 외교관계에서 그들의 문자를 표기하기 위하여 이체자들(ㅇ (r) ㅁ(aw) ㅸ(v-w 사이음) ㆄ(f/ph) 등)을 만들어서 썼다. 그러나 이런 문자들은 일반 백성에게는 쓰이지 않던 표기들이었다. 궁중 언어학자들이나 전문적인 학식을 가지고 쓸 수 있었던 것이다. 따라서 이런 이체자들은 100년 이후 점차 소멸 폐기되어 버렸다. 그러나 훈민정음 보다 500년 전후 즉 9세기 일본의 헤이안 시대 궁중 여성들은 수필과 서간문을 일본어 히라가나(ひらがな)로 썼으며 이런 문자가 일본 일상 언어의 기본문자가 되었다. 그와 동시에 일본 스님들은 9

세기경 불경을 읽기 위한 보조기호로 발음표기를 가타카나(カタカナ)를 썼으며, 이는 주로 외래어 표기, 강조 표현에 썼다.

특히 일본어 자음은 청음, 탁음, 반탁음이 있다. 그런데 자음의 탁음은 인도 범어(梵語)의 탁자음(濁子音)에서 유래한 것이요, 무기 유성음과 유기 유성음으로 나누인다.[3] 산스크리트 어 gha(유기 유성음), ga(무기 유성음)는 일본어 탁음 が (유성 자음으로 성대를 울려서 발음한다. 우리 말 모음 뒤에 오는 유성 음 'ㄱ'과 같다)로, 라틴어의 Ga로 발음이 된다.

그리고 일본어 청음 か (우리 말 ㄱ 과 ㅋ 사이 중간 음이요, 어중이나 어말에서 ㄲ 이 된다)는 라틴어의 Ka'로 발음 된다. 그 다음 일본어의 반탁음(半濁音)은 は(하) 행 오른 쪽 위에 반탁점 ゜ ぱ(pa)를 붙인다. 우리말 ㅍ 에 가깝다. 어중이나 어말에서는 '빠'로 발음 한다. 그 외에도 요음 야유요 (やゆよ), 촉음 받침으로 쓰이는 っ (k, t, p, s), 발음(撥音) ん (ㅁ, ㄴ, ㅇ, m, n, ng), 장음 (長音, 앞 글자의 모음을 한 박자 길게 한다, 예 おかあさん)은 여기서 설명을 생략한다. 아무튼 청음과 탁음은 범어(산스크리트)의 무기 유성음과 유기 유성음에서 유래한 것이요, 이런 발음은 히브리어 22개 자음 중 6개 즉 베가드케파트(무기 유성음들 b, g, d, k, p, t, 유기 유성음 bh, gh, dh, kh, ph, th)와 훈민정음(한글)의 무기 유성음 ㅂ, ㄱ, ㄷ, ㅋ, ㅍ, ㅌ 와 유기 유성음 ㅸ(ㅸ), ㆁ, ㆆ, ㆆ, ㆄ, ㅌ에[4] 가까운 자음 발음들이다.

어느 일본인이 인터넷에 한글 '부산'이 라틴어 발음으로 Pusan 인가 Busan인가라고 문제를 제기하였다. 우리가 범어(산스크리트) 의 무기 유성음과 유기 유성음 법칙에 따라 우리말 'ㅂ'을 라틴어

---

[3] 자세한 것은 우민섭, 『중세국어 음운 연구』, 전주 대학교 출판부, 2000년, 41-43 쪽과 41쪽의 각주 37, 38을 더 보라, "탁음은 당나라 선종 대중 5년 851년에 공개됨"
[4] 여기에 표기된 자음 위의 ㅇ는 필자가 고안한 확장 한글을 위한 새로운 부호이다. 이에 대해서는 나중에 자세하게 논의할 예정이다.

로 음역(발음)하려면, 그것은 'p'도 'b'도 아니고, 'bh'(b의 유기 유성음 즉 연음(軟音))로 표기해야 라틴어 음역에 가깝다. 이런 순음 p와 b는 영어 사전에 외래어 표기에 잘 나타나 있다. 예를 들자면, bhang은 인도의 대마(大麻)이다. 'Dharma'는 힌두교에서 지켜야 할 계율, 덕, 불교에서는 '법'을 의미한다. Ghazi 회교에서 이교도와 싸우기로 맹세한 전사, Khan, Khi(헬라어 22번째 자음 chi, x에 해당함), Phoebe, 그리스 신화의 달의 여신 등이다.

다시 말하자면, 이런 유기유성음은 일본어의 탁음으로 오른쪽 위에 탁점을 붙여 '강한 청음'을 부드럽게 발음하고 있다. 예 か(ㅋ과 ㄱ 사이의 중간 음 또는 ㄲ 음)를 が(ㄱ, ga)로 표기 하고 있다.

우리말 '부산'은 뿌산(Busan)도 푸산(Puasn)도 아닌 부산(Bhusan)으로 즉 인도의 범어(산스크리트 어)의 유기 유성음에 맞추어 라틴어 표기를 위해서 'Bhusan'으로 써야 라틴어 음에 적합한 표기가 된다고 하겠다. 차제에 우리는 좀더 시야를 넓혀서 국어 어문 발성이 라틴어 발음에 가깝도록 음성론적으로 지금까지의 한글의 라틴어 표기를 재고하고, 세종대왕 당시 궁전의 언어학자들이 만들어 놓은 이체자를 재검토할 필요가 있다. 그 당시 인도의 불경 번역과 주변 대국들과 외교 문서 번역을 위해서 만들어 놓았던 자음들은 일본 궁중의 여인들의 히라가나 문자가 표준 문자가 된 것, 일본 스님들의 경전 번역을 위해 외래어 표기로 사용했던 가타카나와 견줄 만한 것이다. 현재 중국은 만다린어와 간체자 옆에 라틴어를 표기한 한어 병음 방안 (예 好 hǎo, 하오)을 상용(常用)하고 있다. 특히 중국어는 성조 제 1, 2, 3, 4 성의 부호 즉 ā, á, ǎ, à의 모음 부호가 있는 표기를 쓴다. 이는 훈민정음으로 평성(弓 활), 상성(石 돌), 거성(刀 칼), 입성(筆 붓)과 견줄 수 있다. 모음의 장단 표기는 필수이다. 중국어(한어)와 일본어는 모음의 장단 표기를 한어 병음 방안에서 즉 라틴어 발음 표기에 제 1-4 성의 부호를, 일본어는 장음(쬬오 온 ちょう おん, あ い う え お a i u e o), 즉 아(あ)단에서 오(お)단 (1에서 5 단)까지 모음을 붙여서 앞의 음절 문자를 한 박자 길게 하는 장음(長音)을 표기하여 쓴다. 우리 한글에는 없는 장음표기이다. 우리는 전문 분야에서 장모음을 영어의 : 표기 또는 - 부호를 붙여서 표기하는 정도이다.

정리하자면, 한글은 자모(子母) 문자의 발음 표기는 히브리어, 라틴어와 한어(漢語)보다 우승하다고 하겠지만, 문자의 음절(音節)에서 장단(長短)모음 체제는 결손(缺損)체제를 보인다.

이런 문제를 해결하려면, 우리는 중세(中世)국어로 돌아가서 자음 음가의 음절의 장단과 높낮이를 표기한 평상거입(平上去入)의 방점(傍點) 체계를 복원하는 길이다. 왜냐하면 유럽언어, 히브리어, 한어와 일본어는 공통적으로 이미 장단 모음을 발음 부호, 음절 또는 성조(聲調)로 각 어휘의 뜻을 구별 짓고 있기 때문이다.

시대를 알고 어문 표기 정책을 통하여 세계인에게 닥아 가는 변화된 중국인의 기상이 두렵기까지 하다. 어문으로 라틴어 세계를 따라잡으려는 한어 병음 방안 사상이 중국을 변화시키고, 세계화의 모범을 보이고 있다.

우리는 이제라도 한글이 한어와 라틴어 보다 더 정확한 발음을 가지고 있다는 것을 나타내기 위해서 세종대왕의 훈민정음 28자와 불경 번역과 국제 외교문서 해독을 위해 만들어 놓았던 이체자(異體字)와 사성통해(四聲通解)를 훈민정음 제자(制字) 전통에서 활용해야 할 것이다. 이런 작업을 한다면, 우리는 표기와 음절이 온전한 한글로 라틴어나 한어(漢語)의 발음에 맞는 표기를 성취할 것이며, 한글의 세계화의 길이 열릴 것이다.

2. 한문과 훈민정음의 정치사적 관계

조선조는 일찍이 양반과 중인 이서(吏胥) 층에서 한자와 이두문(吏讀文)이 사용되었지만, 양인 이하 하층민 모두가 사용할 수 있는 훈민정음이 세종에 의해서 창제되었다.

그러나 최만리는 민생편의를 위한 훈민정음 창제의 목적을 정면 반박하였다. 예를 들면, 중국은 말과 글이 같아도 옥송의 억울함이 여전히 많다는 것이다. 옥사의 공평함은 판관의 자질에 달린 것이지 '말'과 '글'에 달린 것이 아니라는 것이다. 그러나 재판관의 개인적인 자질은 관리들의 농간과 부정부패로 이어졌으며, 조선의 왕과 지배층은 한글을 형옥의 관문서에서 배제하고, 이두 문 내지 한문만 사용하게 함으로써 특권만 유지했고, 백성들의 삶은 개선되지 못하였다.

양반 지배층의 한문 숭배와 행정실무를 맡은 하급 지배 계층은 서로 협력하여 관문서 작성에서 언문을 배제하였다. 관문서에서 이두 사용은 조선조가 망할 때까지 존속되었다.

한문과 이두문의 사용은 지배층의 권력의 상징이고, 한문과 이두문은 특권층의 이익을 수호하는 공적인 문서 역할을 담당하였다. 수교집록을 보면, 문서는 언문으로 작성해서는 안 되며, 채무관련 소송은 한글 문서의 법적인 효력을 인정하지 않았다.

중종 4년에 언문 상소를 지극히 무례한 것으로, 소원을 들어주지 않고, 죄로 다스렸다. 이는 관문서를 언문으로 쓰는 것을 인정하지 않았던 사례이다.

명종 22년에 도승지 유명견은 언문 유지를 부당하게 보고, 언문을 한문으로 번역 수록한 것을 삭제하였다. 조정 관료들은 역사

기록을 철저히 한문으로만 기록하였다.

　국가 공적 문서, 기록은 한문으로 쓰였고, 관청 공문은 한문으로 쓰였으며, 대부분 한글 작성 문서는 법률적인 효력을 얻지 못하였다.

　그러다가 19세기 고종 1894년 11월 21일 칙서, 칙령 제1호 제14조 법률과 칙령은 모두 국문을 기본으로 하고, 한문으로 번역하거나 국한문을 혼용하였다. 이는 1446년 훈민정음 반포이후 1894년, 즉 448년 동안 한글이 국문이 되지 못하고, 언문이라 불리면서, 개인 적 사적인 차원의 문자로만 명맥을 유지해 왔던 것이다. 갑오개혁에 따른 국문 칙령이 내린 것이다. 그러나 1894~1990년 동안 국한문 혼용이 되어 오다가 1988년 5월 15일 한겨레신문 창간을 계기로 한자가 퇴출되고 한글 전용이 대세가 되었다. 그 대신 한문보다 영문과 로마자가 그 자리를 차지하고 들어왔다. 젊은 층은 영어 사용 오케이, 오 마이 갓, 헬로 등 영어를 국어처럼 쓰고, 거리의 간판, 상품, 은행, 상점, 기업의 이름들이 영문자로 바뀌고 있다. 조선 시대에는 한문 능력자가 사회적인 특권을 차지하였듯이, 현재는 영어 능력자가 높은 지위를 누리는 것과 같아졌다. 한글은 1960년을 기준으로 50년 만에 새로운 도전에 놓여 있다. 한 쪽에서는 한자를 중시하며, 한문교육을 육성하자고 하고, 다른 한 쪽은 영어, 영문을 숭상하면서, 한글과 혼용하여 쓰고 있다.

　여기서 민족적인 문자성찰이 절실하다. 중국은 한어 병음 방안(1958년 2월 비준 공포)을 공포하여 현대 중국어 보통화의 음성표기를 하여, 외국어의 음가를 중국어로 표기하고 있다. 일본은 가타카나로 외래어를 일본어로 표기하고 있다. 그런데 한글만이 외래어, 외국어를 여과 없이 그대로 부르거나, 한글처럼 혼동(混同)하여 쓰고 있다. 이제라도 우리는 한글과 훈민정음을 병용(倂用)하여, 외국어를 쓰되, 한글과 훈민정음의 음가를 활용하여, 중국인이 외국어 음가를 중국어의 '한어 병음 방안'이나, 일본인이 일본어의 영어화 된 음가 가타카나를 쓰는 것과 같이, 훈민정음해례(1446) 원리를 따라 훈민정음을 활용한 외국어 음가표기를 쓰는 것이다. 그런데 역사적으로 1907-1909년 국문연구의정안과 1933년 조선어학회의 한글맞춤법 통일안은 1446년 세종대왕의 훈민정음해례의 원리와 고종황제의 1894년 갑오개혁을 기점으로 11월 21일 칙서 칙령 제1호 제14조 법률과 칙령은 모두 국문을 기본으로 한다는 국법을 무력화시키는 8개 자음들, ㅿ 사이시옷, ㆁ 꼭지 이응, ㆆ 된 이응, 개모 ◊, 그리고 여린 비읍 제자 원리의 ㅱ ㅸ ㅹ ㆄ 8개 자음을 제거한 일이다. 앞으로 우리는 제외된 8개 자음들은 물론 ㄱ ㄷ ㅋ ㅌ 을 추가하여 대략 25개 자음을 가지면, 한글의 세계적-보편적인 본질을 살려 한글을 '동방의 로마자'로 비상하게 할 것이다.

3. 세계문자문명을 위한 조선백성의 새로 고친 국문 연구

　1907년 국문연구소가 조선(朝鮮) 나라 공식 기관으로 개화기 국문(國文)과 신정국문(新訂國文)을 훈민정음 창제(1443-1446년)이후 조선어 학자 최세진(1473-1542), 권정선(1848-1923), 김두봉(1923), 박승빈(1884-1941)에 이르기까지 수십 명의 '새로 고친 국문'(이른바 신정국문)을 연구한 학자들의 국문을 종합적으로 검토한 것은 획기적이었다.
　동양의 어느 나라들, 즉 중국과 일본이 아직 생각하지 못했던 세계문명을 향한 온전한 문자 생활을 자각한 문화운동이 1907 - 1909년 학부 안에 개설된 '국문 연구소'의 십제 연구로 집약되었다. 한문으로 작성된 국문 연구소의 의정안(議定案)은 이기문의 글에 실린 것을 그대로 옮겨 보면 다음과 같다:[5]
一. 국문의 연원과 자체급 발음의 연혁
二. 초성 중 ㆁ ㆆ ㅿ ㆍ ㅱ ㅸ ㆄ ㅹ 8 자의 복용 당부(當否)
三. 초성의 ㄲ ㄸ ㅃ ㅆ ㅉ ㆅ 6 자 병서의 서법 일정(一定)
四. 중성 중(반모음) 아래아 ㆍ 자 폐지, = 자 당부
五. 종성(자음)의 ㄷ ㅅ 2자 용법과 ㅈ ㅊ ㅋ ㅌ ㅍ ㅎ 6 자도 종성(받침)에 통용 당부
六. 자모(字母)의 7음과 청탁(清濁)의 구별 여하
七. 사성표(평상거입 平 上 去 入)의 용부(用否)와 국어음의 고저 법(억양, 악센트)

---

[5] 이기문, 『개화기의 국문연구』, 1975, 일조각, 57-58쪽.

八. 자모(字母)의 음독 일정
九. 자순행순(字順行順)의 일정
十. 철자법

　위에 십제(十題)는 현재 초중학생들에게는 낯선 국문들이지만, 고등학교 국문학을 배우는 학생들에게는 二題(ㆁ ㆆ ㅿ ㆍ ㅱ ㅸ ㆄ ㅹ)와 四題(반 모음 아래아 ㆍ) 정도는 알 수 있는 국문(國文)이라 하겠다. 그 나머지는 국문학도의 관심 여하에 따라 다룰 수 있는 영역이다. 지금은 한글 24자에서 사라진 훈민정음 28자모에 있는 ㆁ ㆆ ㅿ 과 아래아 ㆍ 4문자들은 국문 연구소에서 논의가 되고, 긍정적으로 검토된 것에 해당한다. 이런 국문(國文)이 중국어나 일본에도 있다고 하겠지만, 음리(音理)를 따져 보면, 정확하지 못하다. 그러나 우리 국문의 꼭지 이응 ㆁ 은 세계문자 중 영어 Y, 독일어 J 그리고 히브리어 요드, 한어(漢語) '업'(業)에 해당한다. 된 이응 ㆆ 은 영어나 독일어 로마자에 없는 심후음(深喉音)이며 히브리어 아인 ƴ이며, 한어(漢語) '挹'(읍)에 해당한다. 서구 유럽문자에는 국문 '된 이응 ㆆ'의 문자가 없어 그 대신 이차적으로 '등 돌린 콤마 ʻ'를 따로 만들어 쓰고 있다. 그래서 히브리어 로마자 음역 표기를 읽어야 하는 신학 대학 학생들에게 부담이 되는 문자이다. 그래서 차후에 히브리어의 로마자 음역을 무비판적으로 따라갈 것이 아니라, 히브리어 아인 ƴ을 국문 된이응 'ㆆ'으로 음역하여 쓰는 국문의 독자성을 보일 의무가 있다고 본다. 무엇이든 한꺼번에 크게 하기보다는 쉽고 가능한 것부터 용례를 만들어 쓰는 지혜가 필요하다고 본다.

　국제음성학회 IPA가 히브리어 아인(ƴ)을 로마자 음역으로 등돌린 치켜진 콤마(ʻ)대신 스콰미쉬어 글자(ʕ)로 표기하여 쓰지만, 그것보다 훈민정음 심후음 꼭지 없는 여린 히읗(ㆆ)을 복원해서 사용할 것을 제안한다. 히브리어 자음 심후음 아인(ƴ)이 훈민정음 자음 히읗 심후음(ㆆ)과 일치하는 자음이기 때문이다.

위 내용은 아래와 같은 도표로 정리될 수 있겠다:

히브리어　　　　심후음 아인(ע)
훈민정음　　　　심후음 히읗 (ㆆ)
라틴어·로마자　 심후음을 표현하는 기호가 없어 ' 로 표기
IPA　　　　　　스콰미쉬문자 ʕ로 표기

4. 일본의 한글 금지를 막아낸 국문연구소(1907년) 전통

기원 전 8세기 앗수르는 3단계의 팽창정치를 계획하였으니, 첫째 단계에서 상대방과 우호 동맹을 맺고 국제적인 원조를 했지만, 둘째 단계에서 동맹국이 봉신 계약을 깨뜨리면, 가차 없이 총독관구로 격하시키고, 약한 백성을 포로로 삼는 이주 정책을 썼다, 삼 단계에서 총독관구의 지방에서 반란이 일어나면, 용서 없이 파멸을 시켰다. 그 후 6세기 바빌론은 피지배 민족의 말을 '아람어'로 바꾸어 쓰게 하였다. 그래서 예수님도 팔레스틴 본토 유대인으로 '아람어'를 말하였다면, 지중해와 이집트 지역의 거주민은 그리스어(헬라어)를 사용하였다. 그 후 바빌론 포로 디아스포라 유대인들은 고대 조상 언어인 히브리어에 모음들을 붙여서 구약성서 표준 언어로 삼아 세계적인 정경전통(正經傳統)의 언어로 고정시켰다. 이들은 자음 23자 기본 모음 7-8자를 정해서 최단 '하테프' 모음 3자와 최장 '롱홀렘(요드, 헤 추가형)' 모음 9자와 소운자 'aw'(훈민정음 ㅇ 이체자)를 쓰고 있다. 총괄적으로 자음 28 자와 모음 21 자, 즉 자음 모음 도합 49자-기본자음과 기본모음 그리고 연강자음, 최단/장모음 확대-가 된다. 이에 대한 서구와 전 세계 성서 학자들이 히브리어 음가에 맞는 로마자 통일안이 1977년에 제정되어 쓰이고 있다. 세계 인류가 성경을 읽는 이유는 유대인 민족에게 있는 것이 아니라, 하나님의 인애(仁愛)와 공의(公義)의 보편성과 평등성이 세계 인류에게 구원으로 전해지는 거룩한 내용이 되기 때문이다. 그런데 우리 국민은 성경보다 '성경을 기록했다는 유대인의 천재성'에 더 관심을 쏟는 것 같다. 그래서 '유대인의 교육'을 본받아 노벨상을 받고, 세계의 백만장자가 되며, 천재 예술인을 꿈꾼다. 그런 유대인들이 자음 28자 모음 21자 도합 49의 자모로 로마자를 능가 하는 연음(軟音), 영어 음가로 ⁊(The), θ(Thank), F(form), V(Voice), W(Wagner)와 단 모음(파타하 a), 장모음(카메츠 ā), 최단 모음(ă), 최장모음(â)을 쓰고 있다는 점이다. 그렇다면, 우리 한글에 이런 자모(子母)와 장단 모음(母音)이 없단 말인가? 또 중국어나 영어 악센트(억양, 높낮이)가 없단 말인가? 결론부터 말하자면, 일찍부터 훈민정음과 한글에 이런 자모와 억양 평상거입(로마자 음역으로 ā á ã à, 독자들은 트레마, 악상 떼귀, 시르콩플렉스, 악상 그라브와 비교해서 보라)이 있다.

역사적으로 1907년 7월에, 즉 1905년 로일(露日) 전쟁 후(後)이자 을사늑약 2년 후가 되는 해에 국문연구소(國文研究所)가 나라 학부 안(학부대신 이재곤(李載崐)의 청의로 개설, 위원장에 윤치오)에 설치되었다. 그런데 1907년 8월에 조선 군대 해산식이 있었으며, 서울에서는 일본군대와 교전이 있었다. 이것이 신호탄이 되어 조선 각지에 의병이 일어나 일본 식민주의에 항전했다.

조선백성은 국어 국문에 대한 자각이 일어났다. 언어문제와 문자문제가 문명사회를 유지하기 위해서 중추적인 역할을 담당해야 한다는 자의식이 투철해졌다. '옛 문자를 복원'하는 신정국문(新訂國文)이 제창되었다. 예를 들면 이른바 (국문) 연구 십제(十題)가 그것이다. 십제 가운데 이(二). 한글 자음 ㆁ(꼭지 이응) ㆆ(된이응) ㅿ(사이시옷) (◇) ㅱ(aw) ㅸ(여린 비읍, V-W 사이음) ㆄ(F음) ㅹ(V음) 팔자(八字)의 복용의 옳은가 그른 가의 토의 문제, 사(四), 중성 중 아래아 ㆍ 폐지 당부(當否), 칠(七), 사성표(四聲表)의 사용여부와 국어음의 고저법(高低法)이 십제에서 다루어졌으며, 전체적으로 보아 긍정적인 검토가 이루어졌다.[6] 특히 지석영(池錫永)의 아래아 ㆍ 폐지는 국문연구소에서 완전히 부결되었다.[7]

---

[6] 이에 대해서 이기문, 개화기의 국문연구, 1975년, 52,57-58, 73-74, 75, 81-111 참조
[7] 이기문, 상게서, 111쪽 참조

5. 서구문화의 토대는 라틴어

1. 서설

세계 국가와 언어를 말할 때마다 "로마는 하루아침에 이루어지지 않았다, 세계는 로마로 통 한다"는 격언을 말하곤 한다. 로마사 문헌에 근거하면, 기원전 8세기경부터 지중해 연안 그리스, 페니키아 그리고 소아시아 리디아인(지금의 터키의 에트루리아 인)은 기근을 피해 이탈리아 반도로 이주했다. 에트루리아인은 비인도 유럽어 권에 속하면서 자기들의 말을 그리스 문자로 음역 표기하면서, 로마 라틴 인에게 그리스어를 전달하고, 가르쳤다. 그러나 기원 전 6-5세기경 라틴인은 그리스어에서 라틴 문자를 만들어서, 신속하고 정확한 문자로 사용하기 시작하였다. 지중해 문명권에서 라틴어는 정치 군사력을 뒷받침하여, 지중해 나라들에서 통용된 것이 신약 성경 요한복음 19장 20절에 나온다. 예수 십자가 나무에 히브리어, 그리스어와 라틴어로 "유대인들의 왕"이라 쓴 것이다. 라틴어는 그리스어를 철학, 법학과 의학용어로 차용하면서, 세계어로 발전되었다. 기원 후 2세기경에는 히브리어 성서를 라틴어로 번역(베투스 라티나)하였고, 기원 후 405년경에는 히에로니무스(제롬)가 불가타 번역을 내놓게 이른다. 라틴어는 로마 가톨릭 교회의 언어가 되었다. 뿐만 아니라 라틴어는 군사 제도, 법률생활, 국가 행정 용어는 물론 표준 도량형, 상업과 교역의 전문 용어들, 학문(學問)의 용어로 쓰였다.

2. 세계 언어가 된 라틴어의 배경과 그의 특성

　세계 문명 권 중 나일 강 유역의 이집트는 일찍부터 상형문자를, 유프라테스 강 유역의 메소포타미아는 쐐기 문자를 만들어 썼다면, 거대한 문명권 사이에 있던 지중해 문명 지대는 형태적으로 상형문자를 좀 빌리기는 했지만, 페니키아인은 알파벳 문자를 만들어 자음 22개를, 그리스 인은 자음 17자, 모음 7자를 만들었다. 그러나 라틴인은 자음 20 와 모음 5자를 만들었으니, 앞에 나온 그리스어 자음 17개 보다 2-3개 많은 문자를 만들어 썼다. 그러나 지중해 문명권 민족들은 거대한 문명권의 음절 문자인 상형문자를 받아쓰지를 않고, 공통적으로 독자적인 알파벳 자모를 표음문자로 만들어 썼다. 여기에 우리 훈민정음 한글의 자모들이 지중해 문명권의 자모들과 공통되며, 중국어 한자어나 일본어 음절 문자와 다르다는 것을 보게 된다. 그럼에도 지중해 문명권의 히브리어, 페니키아 어, 그리스어와 라틴어는 역사적으로 인도 유럽어의 어족(語族)에 속하는데, 한글은 비인도 유럽어 권이면서, 인도 유럽어처럼 자모(子母)를 결합해서 쓰는 표음 문자가 된다는 사실이다. 그와 동시에 한글은 한자어(漢字語)를 빌려다가 어휘를 만들어 우리 한글로 쓰는 독특성을 가진다. 이는 서구 세계가 그리스어와 라틴어를 빌려다가 그들의 문법내지 말을 만들어 쓰고, 상당한 분량의 라틴어를 현대 라틴어로 만들어 쓰고 있는 것과 공통된다(예. philo 사랑하다 + sophos 지혜, 즉 지혜사랑 '철학'; autos '자신으로부터', '자발적인 기동력'에서 '자동'(自動), 자동차 단어가 생김).

　특히 영어와 프랑스어는 라틴어의 많은 어원과 어휘를 빌려다가 쓰기 때문에, 라틴어를 잘 알면, 현대의 서구어 영어, 프랑스어를 알게 된다. 뿐만 아니라 문법(文法) 역시 그리스어 문법을 알면, 라틴어 문법을 하는 데 쉬운 이점이 많고, 독일어는 형태적으로 그리스어 문법이나 라틴어 문법의 변형 구조와 같다. 영어가 라틴어 어휘를 영어화해서 사용하며(예. urban / urbanus, flame / flamma, floral / florens 등), 독일어의 형용사와 명사 격변화는 형태적으로 라틴어 형용사와 명사 격변화와 가깝다. 이는 라틴어가 그리스어의 격변화에서 나온 것과 관계된다(동사 변화 참조).

  문제는 우리나라의 외국어 교육이 영어 일변도로 치중되기 때문에, 영어 속에 차용된 영어화 된 라틴어는 그냥 영어로만 아는 것으로 지나치고, 어원에 대한 연결성과 문법 구조의 품사변형에는 관심을 갖지 못하게 된다. 즉 영어 하나가 세계어 역할을 하는 것이다. 결과는 라틴문자의 영어로 인한 고대 언어 그리스어와 라틴어와의 단절(斷切)이다. 그러나 우리가 이제라도 지중해 문명권 내지 중동 문명권의 언어를 통해 고대 제국의 역사와 사상을 이해하려면, 그리고 주변 강대국 중국이나 일본의 위력에서 벗어나서 독자적인 힘을 얻으려면, 세계국가 로마의 라틴어와 그와 연결된 독일어, 프랑스어의 문법 어형 변화의 구조를 습득하여 정치외교, 경제, 문화 교류를 실력과 신뢰성에 바탕을 두고 꾸준히 노력하는 것이다. 라틴어는 1000년을 두고 지중해 여러 민족의 세력을 이기고, 조합과 조직의 힘, 정확성과 신속성을 가진 적응력과 친화력(親和力)을 제공한 세계 언어이다. 라틴어는 로마 제국 어, 중세 교회의 언어, 현대화된 서구 언어의 모체로 지금도 활동하고 있다. 언어는 생각하는 집이다. 라틴어가 우리에게 주는 것은 분석력, 연역력, 논리적 사고와 그의 조합과 종합적인 판단력이다. 이는 동양의 제국 중국이 한자어(漢字語)로 동양을 지배한 것에 비교 된다. 종교적으로 바티칸의 카톨릭 교회가 수천 년 전통을 지켜오는 것이 바로 라틴어의 힘이 아닌가? 표의(表意) 문자 한자어가 문자의 뜻으로 표음 문자를 이해하게 하는 것과 같이, 라틴어는 그에게서 파생된 서구 언어와 어휘의 어원을 밝혀 준다. 우리가 한자어로 우리의 말에 의미로 정해서 쓰는 한, 우리는 이제라도 우리가 쓰는 우리말의 한자어를 부족함이 없이 익힐 과제가 있다. 신속하고 정확한 전달을 위해서 우리는 동양의 라틴어 격인 한자어를 부족함 없이 준비하는 것이 유익하다.

보라, 라틴어 서구어(西歐語)는 대문자와 소문자, 고틱체와 필기체, 각기 어휘 음절의 악센트들-2내지 4개, 태국어 비교-과 그리스어가 섞인 발음기호, 국제음성 기호로 사용되는 라틴어 문자 등 복잡한 문자를 읽어야 한다. 모두가 이런 기호나 부호를 읽는 것은 아니지만, 세계 다양한 문자를 라틴 문자에 맞게 표기할 의무를 가지고 시대에 적응하고 친화력이 있는 문자를 지금도 준비하고 있다. 태초에 하나님이 우주와 세계를 한 번에 완전한 것으로 창조한 것이 아니라, 그에 뜻에 따라 지금도 우주와 세계를 창조하고 계시다.

2장 새한글 신론:
한글 확장의 실제

2-1. 잃어버린 훈민정음 자모들의 활용

1. 세계문자인 훈민정음의 아종(亞種) 한글

훈민정음의 아종(亞種)인 한글 단자음(ㄱ ㄷ)과 겹자음(ㄲ ㄸ) 외(外)에 세계문자(世界文字)인 훈민정음의 연음자음(軟音子音 ㅸ)은 외래어 음가표기를 위한 필수자음(必須子音)이다.

여린 ㅸ의 제자원리는 ㆆ ㅱ ㅸ ㆄ이고, 일관되게 사이음 연음(軟音)이 되어 로마자(영어)의 hr (ㅎ) 목젖 떠는 소리=ㆆ, aw = ㅱ, 소운자(ㅗ), v-w 사이음 = ㅸ, f/ph = ㆄ, ⁊ = ᄃ, θ = ᄐ 이 있으며, 추가해서 히브리어자인 ㅣ = ㅿ (ㅅ-ㅈ 사이음)은 영어의 ds(Birds)에 해당한다.

일본어에서 탁음은 が ぎ さ゚ だ ば 행이 있지만, 이는 글자에 따라 조금씩 다른 음가를 나타낸다. が 가 는 ㄱ (gh 유기유성음)에 가깝다.

사゚ < 사 ざ는 ㅅ-ㅈ 사이 음이고, だ 는 ㄷ과 같다. ば는 ㅂ과 같다.

그리고 반탁음(半濁音)은 하 は 행 오른 쪽 위에 ˚ 이 붙고, 이는 ㅍ이고, 음절 중간이나 말미에서 ㅃ에 가깝다.

위에서 보면 이런 탁음과 반탁음은 청음(淸音)あいうえおかきくけこさしすせそたちつてとなにぬねのはひふへほまみむめもやゆよらりるれろわゐをん 46개의 음절 문자 외에 5가지 음들 곧 ㄱ ㅿ(ㅈ) ㄷ ㅂ ㅍ(ㅃ) 음들이 있다. 그래도 일본어 음절문자들은 로마자 ç θ v f 와 ㆍ 아래아 ㅣ 가 결핍되었다. 그리고 ㆆ, ㅱ(소운자 ㅗ)가 없다.

주목할 것은 우리의 ㅸ 원리는 우리말에 없는 외래어 음가 표기를 위해 인위적으로 창안되었지만, 일본어는 자음의 기본음 가운데 있어야 할 보충 음절 자음들이다. 이런 が (가), だ (다) ば (바) ぱ (파/빠)는 우리의 ㅸ 여린 비읍의 연음소(軟音素)와는 다른 탁음/반탁음 부호이다. 즉 처음 기본 음절 자음에 있어야 할 것을 나중에 추가해서 보충한 제2의 음절 자음 부호이다. 이런 제2의 음절자음 부호가 있음에도, 일본어는 여전히 로마자의 hr, aw, v-w 사이 음, f/ph, ᛞ/θ의 음가를 준비하지 못하였다. 그와 다르게 훈민정음에는 외래어 음가표기를 위해서 세종대왕은 ㅸ 제자원리에 근거한 ㆆ ㅱ ㅸ ㅹ ㆄ 이체자와 고유의 반모음 아래아 ㆍ(으어, ㆁ)를 만들어 외래어 음가를 위한 완벽한 자음들을 창안하여 놓았다.

일본어 문자 정리:

1. 일본어는 음절 문자 자음과 모음을 덩어리로 읽음
   예) あ (아), か (가)

2. 발음 종류
   1) 청음(淸音,세이 온): あ…を ん 46 개의 강한 음절 문자; 한글에서 정상/된 소리
   2) 탁음(濁音, 다구 온): が ㄱ 행, ぎ ㅿ 행, だ ㄷ 행, ば ㅂ 행; 한글에서 부드러운, 여린 소리(軟音, 예. ㆆ ㅱ ㅸ ㆄ)
   3) 반탁음 (半濁音, 한 다구 온) ぱ ㅍ 행, ぴ ㅍ 행; 한글에서 강한 센 소리(ㅍ, ㅃ)
   4) 요음 (拗音, 요온) きゃ 갸- きゅ 규- きよ 교-
   5) 촉음 (足音 조구온) がっこう (gakko-) 학교
   6) 발음 (撥音 하즈 온 ん): かんぱい (kampai) 건배

7) 장음 (長音 지요-온 あ いうえお): おかあさん오까-상, おにいさん 오니-상, すうじ수-지, おねえさん오네-상, とおい 도-이

일본어에서 탁음과 반탁음은 기초 자음의 보충 추가인 반면, 한글(훈민정음)에서는 연음(軟音)은 외래어 표기를 위해서 인위적으로 창안한 여린 음의 발음들이다. 그러므로 일본어의 탁음(濁音)과 반탁음(半濁音)은 청음(淸音)에 있어야 할 기본적인 음을 후기에 추가하여 사용하는 일본어 음절자음일 뿐이다. 훈민정음의 연음이 외래어 표기를 위한 음가인 반면, 일본어의 탁음과 반탁음은 청음의 보충 음절자음이다. 이런 면에서 훈민정음의 연음 사잇소리는 한 걸음 앞선 외래어 표기인 동시에, 세계문자(로마자, 히브리어 자음)이다. 우리가 이제라도 창제 당시 훈민정음을 쓴다면, 그는 '한글의 세계화'가 아니라, 세계문자인 한글을 찾는 것이다. 로마자 F V Th(ㆆ θ)는 훈민정음 연음(예. ㅸ ㆄ ㄷ ㅌ)이요, 그리스-로마자의 악센트 Ā À Â/Ã À는 우리의 평 상 거 입 홛 돓 칼̃ 붇/붗의 악센트 기호와 공통적인 기호가 되기도 한다.

종합정리:

훈민정음은 △ ㅇ ㆆ ㆍ 세 개의 자음과 한 개의 반모음, 그리고 ㅸ 제자원리에 근거한 ㅀ(hr) ㅱ(aw) ㅸ(v-w 사이음) ㆄ(f) 그리고 추가로 ㄷ (ㆆ) ㅌ (θ)으로 전적으로 외래어 음가표기를 가지고 있으며, 이는 일본어의 탁음(˚)과 반탁음(°)이 청음(淸音)의 음절자음으로 보충된 데 비할 뿐 외래어 음가표기와는 무관한 것이라면, 훈민정음의 연음자음들은 정상 자음 17 자 옆에서 외래어 음가표기를 위한 '외국적인 음소들'(foreign phoneme)인 동시에 세계문자이다.

이런 외래어 음가의 음절(音節)은 악센트 표기를 위해 우리의 4

성통해의 평 상 거 입을 대입(代入)하여 쓸 수 있으며, 이런 연음들과 평 상 거 입이 외래어음역(外來語音譯)의 기본적인 요소들이 된다. 그리고 연음(軟音)이 없으며, 평 상 거 입의 악센트가 없는 현행 '한글 24 자'는 훈민정음의 아종(亞種)으로서 세계문자의 품격을 상실한 문자에 속한다.

세계문자 훈민정음
ㄱ ㄴ ㄷ ㄹ ㅇ ㅁ ㅱ ㅂ ㅸ ㅅ ㅿ ㅇ ㆁ ㆆ ㅈ ㅊ ㅋ ㅌ ㅍ
ㆄ ㅎ

훈민정음 아종 한글
ㄱ ㄴ ㄷ ㄹ ㅁ ㅂ ㅅ ㅇ ㅈ ㅊ ㅋ ㅌ ㅍ ㅎ

세종대왕 당시 훈민정음은 자음만 21 자였지만, 과 연음을 추가하면, 자음은 총 23 자음이 되고, 이는 히브리어 자음 23자와 맞먹는다. 그러나 훈민정음 아종 현행 한글은 자음이 14자에 그친다. 세계문자 자음 23개에 비하면, 9개가 적다. 따라서 14개 자음은 순 우리말 한글에 국한된 발음만 가능하고, 세계문자 자음 21-23자음의 발음은 불가능하다. 이런 불가능한 발음을 가능하게 하려면, 본래 세계문자인 훈민정음으로 돌아가야 한다.

2. 세계문명 문자들과 어깨동무한 반모음 아래아 (丶)

창세기 1:1-2 "太初에 하ᄂ님이 天地를 創造ᄒ시다 싸이 混沌ᄒ고... 하ᄂ님의 神이 水面에 運行ᄒ시더라."
(조선명 奇一 James Scarth Gale, 1863-1937, 1925년 역)

이 자리를 빌려 감신대 재직시(1984-2006년) 김태룡 선생님께서 게일譯 영인본을 완전 영인하여 출판한 신구약전서(성서문화사, 1986년)를 본인에게 건네 주신 덕분에 아래아 丶를 사용한 성경 본문을 자료로 쓰게 됨을 감사한다.

국문연구소(1907) 연구회원들 중 지석영만 제외하고 전원 아래아 丶 사용을 만장일치로 결정하였지만, 한일합방(1910년)이 지난 1912년 일본 무단 정치는 조선소학교 국정교과서에서 아래아 사용을 폐지시켰다. 일본어 문자에 모음 ㅡ 도 아니고 ㅓ도 아닌 중간 모음이 없어 이해를 못했는지, 그런 중간 음가 발음이 태생적으로 안 되서 그렇게 했는지 알 수가 없다. 그래도 아래아 丶가 분명히 고유 조선말(신경준 초성 자음 36 개에서)이며, 조선어 학자들(예. 최세진 이후 박경가)의 연구를 거쳐 1940년 이후 최 현배가 발표한 아래아는 ㅡ 와 ㅏ 사이 중간 음, 이숭녕이 발표한 ㅏ 와 ㅗ 사이 중간 음이 토론되고 있었다. 최근 김성렬은 아레아를 ㅓ 와 ㅏ와 ㅡ 가운데 복판 홀소리로 정의하고 있다. 특히 이탁(李鐸)은 아래아는 "혀를 제자리에 놓은 채 발음하는 원설모음(原舌母音)이요, 불신불축(不伸不縮, 펴지도 쭈그리지도 않음)한 혀의 상태를 상(象)함"이라 했다. 종합 정리하면, 아래아는 김성렬대로 양성 모음 ㅏ와 음성 모음 ㅓ와 ㅡ 의 가운데 복판 홀소리에 해당한다고 볼 수 있겠다. 아래아가 고유조선말이라면, 아래아는 2가지 발음기능을 가진 부정모음(不定母音)에 해당한다.

 첫째, 어느 때는 'ㅏ 아'로 어느 때는 'ㅓ 어', '하다, 허다'로 발음하지만, 음절모음 '아/어'와 혼동된다. 둘째 아래아가 음성모음으로 ㅡ 와 ㅓ 중간 음으로 불분명하고 흐릿한 다성적-부정(不定)적인 반모음, 입술이 열린 채 목구멍에서 소리가 나올락 말락 한 기운이 짧은 민간들의 우물거리는 소리인 천음(天音)이다.[8] 따라서 '아레아 ㆍ'는 한글 모음 'ㅏ'와 혼동을 피하고, 중성 반모음 'ㅡ'와 'ㅓ' 중간 음의 음가표기로 활용함이 바람직하겠다.

 설령 1912년 일본 식민교육이 아래아를 폐쇄 시켰어도, 조선족의 입과 목구멍은 막지 못했다. 성경을 국문으로 번역한 조선인과 외국 선교사들은 '조선족의 아래아의 세계 성'을 알고, 식민지배 하에서도 국한문 성경번역에 당당하게 아래아 ㆍ를 표기하였다. 위에 창1:1-2절에 '하ᄂᆞ님'에서 'ᄂᆞ'는 '느'로, 즉 반모음으로 ㅡ 와 ㅏ/ㅓ 중간 음으로 불러진다면, '운행ᄒᆞ시더라'에서 'ᄒᆞ'는 '하'로 불러진다. 즉 아래아의 이중 기능인 ㅏ/ㅓ 그리고 ㅡ와 ㅓ 중간 음 불분명한 반모음을 알게 된다. 이런 아래아 반모음은 세계 인류들이 공통적으로 발음하고 쓰는 문자에 해당한다. 이를테면, 유럽 로마문자 ə (The 까ə, Le lə), 중동의 히브리어 반모음 셔와 ְ (ּבə), 인도 산스크리트어 अ (어 와 아 중간 발음), 슬라브어 ъ (아/어 중간 음)와 나란히 국문 아래아 ㆍ 는 세계문명 문자와 같이 부정(不定) 반모음인 고유 조선말로 보편적인 세계 인류와 호흡을 같이하는 문자이다. 1912년 일본 식민 무단정치가 폐기시킨 고유 조선말이 1925년 새로 번역된(新譯) 게일(Gale)의 아래아 반모음 문자를

---

[8] 이에 대해서 방석종, 『훈민정음의 세계문자화』, 전통문화 연구회, 2008, 71,135-136쪽 참조

사용한 국한문 번역(J. S. Gale의 신구약전서)은 1907년 국문연구소 전통과 조선어 학자들의 연구 전통(1473년 조선어 학자 최세진 이후)을 계승한 것이다.

3. 훈민정음 28자모와 이체자에 나타난 외래 발음의 자모들

훈민정음 자모 28자는 현행 한글 자모 24자보다 4자모와 여린 양순음 ㅸ 제자원리를 가지고 있기 때문에 별도로 연서 이체자들의 개념설명이 있어야 하겠다: 훈민정음 해례가 말하는 이체자는 글자의 음이 더 세다는 의미가 없고, 가획하여 만들었으나 가획의 의미가 없는 사이시옷, 꼭지 이응, 된 이응을 이체자라 부른다.

다른 한편 유성 양순 마찰음의 표기를 위해 연서법 - 위에 연음소 ㅇ을 해당 자음들 ㅂ ㅃ ㄹ ㅍ 등 위에 가획 함 - 을 마련하여 따로 ㅸ 자를 만들었다. 훈민정음 예의본에는 ㅇ을 입술소리 아래 이어 쓰면 곧 입술 가벼운 소리가 된다 예를 들면 ㅂ ㅃ ㅁ ㅍ이다. ㅇ은 연음소로 ㅇ연서순음지하측위 순경음 (bilabial) 양순 마찰음이다.

최근 방석종은 ㅸ 제자 원리를 활용하여 ㆄ, ᅗ (f) 아음 ᅁ (ç) ᅌ (x) 치음 ᅂ (ʧ), ᇀ (θ) 음 등과 같은 연음 표기를 만듦으로, ㅸ 제자원리를 아음 ᅁ 치음 ᅂ 등의 제자원리로 확대하여 훈민정음의 이체자가 온전한 세계문자가 되도록 하여 발표하였다.

따라서 현재 한글 자음 14개에 훈민정음 이체자 사라진 3자음, 그리고 ㅸ 제자원리를 기초로 추가된 연서 자음들 8개를 합하면 총 25개 자음이 된다. 또한 엄밀히 ㅱ 소운자를 다르게 분류하면, 24개 자음이다. 이는 히브리어 자음 23개와 비슷한 자음군이라 하겠다.

끝으로 쓰이지 않는 사라진 자음 사이시옷(ㅿ)은 ㅅ보다 여린 음이며, ㅅ과 ㅈ의 중간 발음이다. 혀끝이 윗잇몸에 가까이 대고 그 사이로 날숨을 내보면서 목청을 울리게 한다. 유성 치경마찰음이다 일본어 조이다.

꼭지 이응(ㆁ)은 혀뿌리가 후두를 막아 소리기운이 코로 나온다.[9] 연구개 비음(velar nasal)이며 치경구개 비음 ㄴ 또는 양순 비음 ㅁ과 구별된다. 로마자 y에 해당한다.

된 이응(ㆆ)은 훈몽자회에 빠진 자음이다. 이는 성문파열음(glottal stop), 즉 넘어졌을 때, 아 소리에 해당한다. 중국어 발음표기를 위해 쓰였다. 일요일을 일료일로 발음하는 것과 같이 무의식적으로 내는 센 발음이다. 아랍어 또는 히브리어 '아인'과 같은 음가라 하겠다.

우리는 세계적으로 한글을 가진 우수한 문화의 민족으로 평가를 받고 있다. 중국이 미국을 따라잡겠다는 목표를 세워 핵무기는 물론 경제까지도 1위(位)를 차지하겠다고 한다. 그래서 모택동(마오쩌둥)은 중국어를 로마자로 바꾸어 국민의 문자로 삼으려고 시도한 적도 있었다. 그러나 마지막에는 민족의 자존심에 걸려 기존의 한어(漢語)의 필획을 줄여 간체자(簡体字)를 공포하고, 동시에 한어병음방안(漢語拼音方案)을 시행하고 있다. 로마자 표기와 악센트는 더 이상 서구 유럽인이나 미국인만 쓰는 문자나 글이 아니라, 중국인이 한어병음방안으로 쓰는 문자가 되었다.

예를 들면, 중국어 4성 표기 yī (一), shí (十), wǔ (五), èr (二) Ā Á Ǎ À 4개의 악센트를 각각 붙여서 쓴다. 이런 4성 표기의 악센트는 로마자 악센트(영어)와 다를 바가 없다. 중국은 이미 문자로 로마자의 음가와 악센트를 갖추어서 이른바 한어병음 방안을 세계화하였다. 이는 우리 훈민정음의 평 상 거 입, 활, 돌, 칼, 붓의 고저(高低) 표기 프랑스어 트레마 ë/ï, 악상 데귀 í, 씨르콩플렉스 î,

---

[9] 허동진, 『조선어학사』, 91쪽 참조

훈민정음 28자모와 이체자에 나타난 외래 발음의 자모들 | 39

악상그라브 ì 와 공통된다. 순서가 좀 바뀌겠지만, 우리 현행 한글 24자는 발음과 음가가 영어 자음을 표기할 수 없게 제한되어 있다는 점이다. 한글은 아예 우리 한국인들만 내는 소리를 문자로 표기하는 것이지, 외국인에게 있는 발음은 필요 없다는 식으로 외국인의 발음 표기를 제쳐 놓고 있다. 그래도 초등학생들 영어 교육을 위해서 비싼 돈 내가면서 원어민 강사 불러다가 영어식 영어 발음을 배우느라 열을 내고 있다. 좋다! 그러나 발음은 미국사람 같이 똑같이 낸다 해도 문자로 그런 발음에 일치하는 표기를 해야 되지 않겠는가? 우리말로는 영어의 원 발음을 내지 못하니 아예 포기하고, 한글 대신 영어로 직접 쓰면 되지 않겠느냐는 식이다. 이런 어려움이 1444~1446년 세종대왕 당시 훈민정음 창제에 있었던 것 같다. 그래서 세종대왕께서는 인도(印度)넘어 아라비아 세계의 언어까지 생각하면서 우리 민족에 없는 발음을 훈민정음 28자 중 반시옷 ㅿ(S-Z 사이 음), 꼭지 이응/옛이응 ㆁ(Y/J), 여린히읗/된이응 ㆆ(라틴어 음 ʻ 히브리어 아인 ע)과, 그리고 반모음 아래아 '으어' ㆍ (라틴어 ə)를 만든 것이 없애면 안 되는 자음, 반모음들이었다. 왜냐하면 그 4문자는 라틴어 음에 일치하는 우리 민족의 고유한 음인 동시에, 지리적으로 양극적으로 떨어졌어도, 인류문명사적으로 공통되는 음가에 일치하는 문자이기 때문이다. 그 뿐이겠는가? 훈민정음 28자 옆에 이체자 (hr 목젖을 떠는 소리 ㅎ 음가), ㅱ(소운자 蕭韻字 ㅗ), ㅸ(여린 비읍 v-w 사이 음), ㆄ(여린 치순음 v, 센 치순음 f)은 우리말에 없는 발음의 음가를 가진 이체자(異體字) 자음들이다. 그래서 그랬던 것인지, 위의 ㅿ ㆁ ㆆ과 ㆁ ㅱ ㅸ ㆄ 은 미운 오리 새끼가 되어 쫓겨났다. 우리말에 없고, 우리 입 놀림으로 발음이 안 되는 문자를 둘 필요가 있겠느냐는 것이었다. 그러므로 훈민정음에서 이런 7가지 자음들이 떨어져 나갔고, 그 후 정돈되어 우리말에만 있는 문자 24자가 '한글'이 된 것이다. 덧붙여 말하면, 아래아 ㆍ가 반모음으로 가장 나

중까지 있었다가 1912-1933년 사이 교과서에서 제외되었다.[10]

이제 우리는 '한글의 세계화'를 위해서 단선적으로 '한글은 세계에서 가장 우수한 과학적인 문자요, 세계 언어학자들이 우수한 문자로 극찬한다'는 식으로 으스대지 말고, 한글의 세계화를 위한 여건 형성과 그런 절차를 국민과 국어학자들이 협력하고 국가기관이 정책적인 결정을 하여 공포하는 국가적인 지시가 필요하다.

중국어의 한어병음 방안에서 好 hǎo는 성모, 즉 자음 (보통화에는 22개의 자음(성모)이 있다), 운모, 즉 모음(음절에서 자음 뒤에 있다), 성조, 즉 음고의 변화 악센트로서 제 1, 2, 3, 4성 4개의 악센트로 성립한다. 우리가 부르는 좋을 호(好)가 중국어로 '하오'이며, 이는 그 문자 자체에 자음(성모), 모음(운모), 성조(악센트)가 있으며, 악센트 3성이 ㅎ 다음 ㅏ 모음 위에 3성 ǎ으로 표기된다.

이는 우리 한글(훈민정음) 하오에서 ㅎ 다음 ㅏ/Ã 위에 거(去)를 표기하면 된다.

그럼으로써 우리는 이제야 우리말이 쉽게 중국어와 로마자 영어 불어와 공통되게 자음 모음 그리고 4개의 악센트 표기로 세계 언어의 문자로 어깨를 나란히 하는 시대가 와 있음을 본다.

결과적으로 우리는 지금의 한글 24개에서 볼 수 없으며, 다시 공부하면서 배워야할 훈민정음의 28개 자모체제를 '현행 한글'과 따로 구별해서 볼 필요가 있다. 이를테면 현행 한글은 영어 발음을 할 수 없는 순 우리말의 문자라면, 훈민정음은 외국어 발음을 할 수 있는 문자들을 가지고 있다는 사실이다. 그래서 한글의 세계화를 위해서 우리말로 발음할 수 없게 판이 짜여진 '한글' 자판에서 F V Th를 찾을 수 없다는 것을 인정하고, 이것을 해결하기 위해서는 온 국민과 지도자가 하나가 되어 외국어 발음을 위해 짜여진 자음들을 가진 훈민정음 28자와 그의 이체자 그리고 4성 통해(중국어의 4성조 악센트와 같음)를 근거해서 온전한 외국어 표

---

[10] 이에 대해서 허동진, 『조선어학사』, 한글학회, 1998, 295쪽 참조; 조규태, 『번역하고 풀이한 훈민정음』, 한국문화사, 2000년 참조

훈민정음 28자모와 이체자에 나타난 외래 발음의 자모들 | 41

기를 할 수 있다는 자신감을 갖는 것이다. 초등학생들이 영어를 배우고 있는 마당에, 학교에서 언제까지 F V Th 발음을 제대로 못 하는 학생들로 방치해 둘 것인가? 혀가 뻣뻣하고 입술이 둔해서 영어 발음을 못하는 것이 아니라, 외국어 발음을 표기하는 문자가 없어서 영어발음을 못하는 것이라 생각해 보았는가? 과거 일본 식민치하의 세대는 그렇다 해도, 이제는 미국 이민자 세대가 세계인이 되는 세상이 되었다. 21세기라 해도 15세기 훈민정음 세기만도 못한 위축된 한글 24자를 더 이상 교조적(敎條的)으로 ㅸ, ㅹ, ㅱ 이라 고집하지 말고, 훈민정음 28자와 ㅸ 제자원리에 근거한 외국어 발음 표기를 세종의 후손 답게 겸손히 받아드리는 용단이 촉구된다. 초등학생들에게 훈민정음의 사라진 4자와 영어에 일치하는 그의 음가 표기를 가르치고, ㅸ 제자원리에 근거한 사이음 즉 연음(軟音)들, ᅁ(ᅎ) ᇢ (hr), ᄝ(aw), ㅸ ㅹ(v-w), ㆄ ㅍ(f, v), ᄐ(θ)을 활성화 하는 한글교육 정책이 시급하다.

　아래에 왼편에는 현행 한글자모 24자 중 자음 14자도표가 왼쪽에, 훈민정음 28자와 이체자 그리고 사성통해 평상거입 악센트들이 오른편에 도표로 분류되어 있다.

영어 발음 빠진 한글	영어발음 가진 훈민정음	
한글정규초성	외국인을위한초성	로마자발음기호
1. ㄱ	ᄀ	ç
2. ㄴ		
3. ㄷ	ᄃ	ᅎ 여린 치설음
4. ㄹ	ᇢ	hr 목젖울림 소리ㅎ
5. ㅁ		aw 소운자 蕭韻字 ㅗ
6. ㅂ	ㅸ ㅹ 뼝	V-W사음/여린치순음

7. ㅅ	ㅿ		S-Z 사이음 (반시옷)
8. ㅇ	ㆁ		y/j 옛이응/꼭지이응
	ㆆ		'/ʔ 된이응/여린히읗(深喉音)
	ㆍ		아래아 '으어' 사이음 공통음가 the 의 ə, essen, ésən, le, la, 히브리어 반모음 셔와 (:)
9. ㅈ			
10. ㅊ			
11. ㅋ	ㅋ̊		χ/chi
12. ㅌ	ㅌ̊		θ 센 치설 음
13. ㅍ	풍 ㅍ̊		F/Ph 센 치순음
14. ㅎ	ㆅ		

위에서 ㄱ̊ ㄷ̊ ㅋ̊ ㅌ̊ 에 이응(ㅇ)이 ㄱ ㄷ ㅋ ㅌ 상위 중앙에 위치한다. 이는 ㅸ의 제자원리를 현대적으로 수정(修正, Modify)하여 미학적(美學的)인 관점을 살렸다. 기존 현행 자음 14자에 사라진 자모 ㅿ ㆁ ㆆ 과 아래아 ㆍ 4자 그리고 연음(軟音) 자음 6자음을 합하면, 자음(子音)만 총 24자가 된다. 이는 세계적인 문자의 23~24 자음 수에 들어간다.

세종대왕이 1444~6년에 훈민정음 28자(ㅿ ㆁ ㆆ ㆍ 포함)를 창제하면서, 외국어 문자 번역을 위해 이체 자들(ᇢ ㅱ ㅸ ㅹ ㆄ 등)을 추가로 만들었지만, 이런 문자는 우리가 쓰는 문자에 음운적(音韻的)으로 맞지 않아 세월 속에서 사라지거나 폐기되는 운명이었다. 아무리 왕의 권위가 신성하더라도 백성이 쓰지 않으면 어쩔 수 없는 것이었다. 그럼에도 사라진 4글자 ㅿ(s-z 사이음 birds, Rose), ㆁ(y/j), ㆆ(히브리어 ע 아인 '), ㆍ(히브리어 셔와 : ə) 등은 로마자 영어 등 서구 언어 알파벳과 등가적(等價的)인 음운 뿐만 아니라, 그에 없는 고대 히브리어 자음의 음가까지도 가지고 있는 것은 '세계문자'로써 완벽한 자음체제라는 것에 놀랍기만 하다. 더욱이 이체자인 연음자음(軟音子音) ㆅ (목젖 울림 소리 hr), ㅱ (히브리어 ן aw), ㅸ(히브리어 ן 와우-봐브, v-w 사이음), ㆄ (히브리어 ם f/ph) 등은 로마세계 인도 게르만 언어 문자와 일치하는 음가를 지니고 있다는 데에 실로 경이롭기만 하다.

그런데 이런 세계적인 문자들이 왕궁과 언어 문자의 학자 세계에서 15세기에 발명되었지만, 이체자의 이중발음 즉, 구강 2부위 (口腔 二部位, 이(齒)와 입술의 마찰)의 발음(v, w, f, th, hr 등)이 우리말에는 없는 터라 용도폐기 되었다. 이웃 일본만 해도 9세기 헤이안 시대에 궁중여인들이 썼던 히라가나(ひらがな)는 일본어 일상 기본문자가 되었고, 헤이안 시대 일본 불교스님들이 불경(佛經)을 읽기 위해 보조기호, 발음을 표기하기 위해서 가타카나(カタカナ)가 사용되다가 지금은 주로 외래어 표기에 쓰인다.

그럼에도 일본어 문자의 발음은 세계문자에 따라오지 못하는 불편함이 있다. 그러나 한글(훈민정음)은 세계문자에 있는 모든 자음(ㅿ ㆆ ㆍ ㆅ ㅱ ㅸ ㆄ)을 이미 갖추고 있었다. 요들송의 목젖 떨리는 소리 은 얼마나 신기한가! 그러므로 이제는 훈민정음 자음 28자의 한글과 이체자들이 국내에 거주하는 외국인들을 위해 가르쳐져야 하겠으며, 세계로 나아가는 문자가 되어 로마자(라틴어)의 자리를 잡을 수 있다고 본다.

한글의 외래어 표기에 문제가 되는 것은 발음기호와 악센트 표기이다. 이런 훈민정음의 세계문자화 제안에는 '악센트표기를 활용한 외래어표기 방법과 이를 이용한 입력 장치'가 핵심 사안이 목표가 된다.

서구의 악센트와 중국의 4성(聲) 고저(高低)가 훈민정음의 평상 거 입(平 上 去 入)에 있다는 사실이다.

한글의 외래어 표기는 일본의 가타카나의 외래어 표기나 서구의 발음기호보다 훨씬 간단명료하고 쉽게 별도의 발음부호 없이도,

외래어를 그 발음되는 대로 완전하고 정확하게 표기할 수 있는 장점을 가진다.

세계문자의 악센트인 평 상 거 입(平 上 去 入): 서구, 중국과 동남아(예. 태국) 언어는 대개 악센트 표기를 가진다. 그리고 그리스어는 물론 고대 히브리어는 모음들이 자체에 단모음(파타흐 A), 장모음(카메츠 Ā), 최장모음(카메츠 헤 Â), 최단모음(하테프 파타흐 Ă) 들을 붙이고 있다. 그 가운데 한글은 억양(악센트)을 가지면서도 고저표기가 없는 문자로 알려져 있지만, 실제로 음절(音節)에 평 상 거 입 4 성을 가지고 있다.

한글 4성 통해(通解)

평 Ā 활 (弓) 평성은 편안하고 부드러우니, 봄이라
상 Á 돌 (石) 상성은 부드럽고 들어올리니 여름이라,
거 Ã 칼 (刀) 거성은 들어 올리고 씩씩하니 가을이라,
입 À 붇/붓 (筆) 바르고 막히니 겨울이라,

중국어 성조(聲調)

제1성 mā(엄마) 처음부터 끝까지 긴소리를 낸다.
제2성 má(옷감 麻) (도래)미에서 고음으로 올린다.
제3성 mã/√(馬) 중간 음에서 낮게 하다가 다시 높은 음으로 꺾이듯 소리를 낸다.
제4성 mà (욕하다) 높은 음에서 낮은 음으로 툭 떨어뜨리는 소리

서구언어 (프랑스어)

트레마	noël	성탄절
악상 떼귀	Á étude	연구
악상 그라브	À frère	형제
씨르콩플렉스	Â(Ã) fenêtre(fənêtr)	창(窓)

총 정리: 세계문자 한글·훈민정음 - 로마자 - 히브리어

현재 현행 한글은 자모(24자)와 무 악센트 문자로 세계문자 로마자, 중국어와 히브리어 문자보다 뒤떨어져 있다. 그럼에도 한글이 세계에서 가장 우수한 과학적인 문자라고 말한다. 이는 일대모순(一大矛盾)적인 평가이다. 이런 모순과 한글의 퇴락(頹落)을 벗어나서 한글이 다시 세계문자가 되는 길은 어디에 있는가? 사라진 4자모 ㅿ(s-z 사이음), ㆁ(y/j), ㆆ('), ㆍ(으어 ə)를 복원하고 연음(軟音) 자음 ᅘ/ᄙ(hr 목젖 떠는 소리), ㅱ/ᄆ̇(aw / ɹ), ㅸ(v-w 사이음 여린 치설음), ㆄ/ᄑ̇(f 센 치순음), ᅂ(ㅈ 여린 치설음), ᄐ̇(θ 센 치설음)을 추가하며, 한글 악센트 평 상 거 입(활, 돌, 칼, 붇/붓)을 음절 모음 상위에 붙여서 쓰면, 따로 발음기호 없이 한글로 외래어 음가표기를 완전하게 사용할 수 있다. 훈민정음의 한글은 세계문자가 갖지 못한 음절 모음 위 악센트 표기 문자가 된다.

한글 세계문자화와 세계화의 차이

인류의 표음문자는 역사상 페니키아 문자에서 시작하여 지중해 그리스로 전달되어 다시 서쪽 이탈리아로 건너가 기원전 6세기경 라틴문자로 만들어진 후 이런 '로마' 문자가 '팍스 로마나'의 영토

를 장악하면서 중세기 유럽의 문자로 분화 되었다, 그 후 동방 유럽은 그리스 문자에 근거한 키릴 문자와 슬라브 문자로 따로 발전 되었지만, '로마 문자의 세계화'는 영어를 통해서 온 지구촌을 덮어버렸다고 해도 과언이 아니다.

로마문자의 세계화는 식민정책으로 스페인어가 남아메리카 대륙을 점유했다면, 프랑스어가 유럽 일부와 상당한 아프리카 대륙에도 전파되었다. 무엇보다 영어는 북미, 호주 뉴질랜드, 부분적으로 인도, 그리고 아프리카 대륙에 전파되었다.

아시아의 중국과 일본은 외국어 표기를 주로 자기들의 문자로 음역해서 쓰지만, 한국은 한글과 영어 원어를 섞어서 쓰고 있다. 일부는 외국어가 귀화되어 국어가 되었거나, 일부는 불완전한 한글 음가로 표기되어 쓰인다. 그러나 외국어 표기는 한글 옆 괄호 안에 외국어 원문이 그대로 쓰이는 경우가 허다하다. 외국어를 쓰는 것이 자랑스럽기까지 하다.

그러나 1444년 세종대왕 한글 창제 당시 훈민정음은 한 편으로는 우리말의 발음에 따른 자음 17자(반모음 아래아 제외)와 다른 한편으로는 외래어음역 표기를 위한 ㅇ ㅁ ㅂ ㅃ ㅍ 5자음도 가지고 있었다. 이는 우리 백성에게 없는 발음이 다른 나라에서 쓰이고 있음을 알고 있었던 것이다.

그러나 시대가 지나면서 한글은 우리 백성이 쓰는 발음만 남고, 다른 백성이 쓰는 발음은 사라지거나 폐기되었다. 결국 훈민정음의 세계문자의 성격이 위축되고, 우리들만 쓰는 한글로 위축되었다. "훈민정음과 한글이 같은 것이 아니라, 한글이 훈민정음 보다 퇴락 되어 버렸다"고 말하는 것이 옳게 되었다. 이제 우리 옆에 외국인들이 함께 일하고 살며, 우리가 지적 자원과 기술자본을 가지고, 지구촌에 흩어져 그들과 말하며, 가르치며, 우리가 발음 못하는 외국인의 발음을 익혀서 말로도 하고, 우리 자음에 없는 그들의 사이음 또는 연음(軟音)들을 쓰는 것이다. 이런 연음들을 세종대왕의 훈민정음에 나오는 여린 비읍 양순음 ㅸ 창제 원리를 활용하는 것이다. 그리고 외국어의 악센트 표기는 우리의 4성통해의 평 상 거 입의 높낮이를 음절 모음 상단 또는 자음의 상단에 붙여서 발음기호 없이 한글의 외국어(외래어) 음절표기를 할 수 있는 장점이 있다.

정리:

 1. 사라진 4글자 반시옷 ㅿ(s-z 반치설음), 옛이응 ㆁ(y/j), 된이응/여린 히읗 ㆆ(로마자 ʻ /히브리어 ע 심후음), 아래아 ㆍ (ə 으어) 복원문제

 2. ㅸ 여린 비읍 제자원리를 활용한 연음 자음 ᅙ/ᄅ̆(hr), 밍/ᄆ̆(aw / ɪ̯), ㅸ/ᄇ̆(v-w 사이음), ㆄ/ᄑ̆(f/ph), ᄃ̆(ᅎ 여린 치설 음), ᄐ̆(θ 센 치설음) 음가표기,

 3. 훈민정음의 4성 통해 평(平) Ā, 상(上) Á, 거(去) Ã, 입(入) À, 추가로 히브리어의 최단 모음 하테프 파타흐 Ă, 최장모음 카마츠 헤 Â를 적용한 한글의 외래어 음절 표기 방식

 위의 사라진 글자 복원, 여린 비읍 제자원리로 연음 표기 그리고 평상거입 높낮이 악센트 활용이 실행되면, 한글 세계문자화의 3가지 불가능 한 것이 가능성으로 바뀌어 한글의 세계 문자화가 성취된다.

방석종의 "훈민정음 28 자모와 이체자에[11] 나타난 외국인 발음의 자모들"을 읽고

손세훈 (그리스도대학교)

중국은 기존의 한어(漢語)의 필획을 줄여 간체자(簡体字)를 공포하고 동시에 한어병음방안을 시행하고 있다. 이로써 중국문자는 로마자의 음가와 악센트를 갖추어서 이른바 한어병음 방안을 세계화하였다. 반면에 우리의 현행 한글 24자는 발음과 음가가 영어 자음을 표기할 수 없게 제한되어 있다. 그러나 오래 전에 세종대왕께서는 우리 민족에 없는 발음을 훈민정음 28자 중 반시옷 ㅿ (S-Z 사이 음), 꼭지 이응/옛이응 ㆁ (Y/J), 여린히읗/된이응 ㆆ (라틴어 음 ' / 히브리어 아인 ע)과, 그리고 반모음 아래아 '으어' ㆍ (라틴어 ə)를 창제하였다. 없애서는 안 되는 자음, 반모음들이었다. 그리고 음 28자 옆에 이체자 ᅘ(hr 목젖을 떠는 소리 ㅎ 음가), ㅱ (소운자 蕭韻字 aw ㅗ), ㅸ (여린 비읍 v-w 사이 음), ㆄ (여린 치순음 v, 센 치순음 f)은 우리말에 없는 발음의 음가를 가진 이체자(異體字) 자음들이다. 그래서 그랬던 것인지, 위의 ㅿ ㆁ

---

[11] 훈민정음 창제 당시, 자음(초성)의 기본자는 'ㄱ, ㄴ, ㅁ, ㅅ, ㅇ'의 5개였다. 이 기본자를 바탕으로 하여 한 획씩 그어 가면서 새로운 글자를 만들었으니, 그것이 '가획자(加劃字)'인데 그것은 'ㄱ'에 획을 더한 것이 'ㅋ, ㆁ(옛이응)'이며 'ㄴ'에 획을 더한 것이 'ㄷ, ㅌ'이며 'ㅁ'에 획을 더한 것이 'ㅂ, ㅍ'이며 'ㅅ'에 획을 더한 것이 'ㅈ, ㅊ' 이며 그리고 'ㅇ'에 획을 더한 것이 'ㆆ(여린 히읗), ㅎ' 이다. 기본자와 모습이 전혀 다른 글자를 만들었으니, 그것이 '이체자(異體字)' 이다. 이체자는 '옛이응(ㆁ)', 'ㄹ', '반치음(ㅿ)'을 가리킨다.

ㆆ 과 ㆆ ㅿ ㅱ ㅸ ㆄ 은 미운 오리 새끼가 되어 쫓겨났다. 우리말에 없고, 우리 입 놀림으로 발음이 안 되는 문자를 둘 필요가 있겠느냐는 것이었다. 그러므로 훈민정음에서 이런 7가지 자음들이 떨어져 나갔고, 그 후 정돈되어 우리말에만 있는 문자 24자가 '한글'이 된 것이다.

    결과적으로 우리는 지금의 한글 24개에서 볼 수 없기에 외국어 발음을 위해 짜인 자음들을 가진 훈민정음 28자와 그의 이체자 그리고 4성(중국어의 4성조 악센트와 같음)에 근거해서 온전한 외국어 표기를 할 수 있다는 사실을 알아야만 한다. 따라서 초등학교 때부터 훈민정음의 사라진 네 글자와 영어에 일치하는 그의 음가 표기를 가르치고, ㅸ 제자원리에 근거한 사이음 즉 연음(軟音)들 ㄷ(ㆆ), ㆆ(hr), ㅱ(aw), ㅸ ㅂ (v-w), ㆄ ㅍ (f, v), ㅌ (θ)을 활성화하는 한글교육 정책이 시급하다. 사라진 4 글자 사이시옷 ㅿ(S-Z 사이음 birds, Rose), ㆁ(Y/J), ㆆ(히브리어 ע 아인 ')은 로마자 영어 등 서구 언어 알파벳과 등가적(等價的)인 음운뿐만 아니라, 그에 없는 고대 히브리어 자음의 음가까지도 가지고 있는 것은 '세계문자'로서 완벽한 자음체제라는 것에 놀랍기만 하다. 더욱이 이 체자인 연음자음(軟音子音) ㆆ(목젖 울림 소리 hr), ㅱ(히브리어 aw ו ְ), ㅸ (히브리어 ו 와우-봐브, v-w 사이음), ㆄ (히브리어 פ f/ph) 등은 로마세계 인도 게르만 언어 문자와 일치하는 음가를 지니고 있다는 데에 실로 경이롭다. 한글(훈민정음)은 세계문자에 있는 모든 자음(ㅿ ㆆ ㆍ ㆆ ㅱ ㅸ ㆄ)을 이미 갖추고 있었다. 요들송의 목젖 떨리는 소리 ㆆ은 얼마나 신기한가! 그러므로 이제는 훈민정음 자음 28 자의 한글과 이체자들이 국내에 거주하는 외국인들을 위해 가르쳐져야 하겠으며, 세계로 나아가는 문자가 되어 로마자(라틴어)의 자리를 잡을 수 있다고 본다. 한글의 외래어 표기에 문제가 되는 것은 발음기호와 악센트 표기이다. 이런 훈민정음의 세계문자화 제안에는 '악센트표기를 활용한 외래어표기 방법과 이를 이용한 입력 장치'가 핵심 사안이 목표가 된다. 한글의 외래어 표기는 일본의 가타카나의 외래어 표기나 서구의 발음기호보다 훨씬 간단명료하고 쉽게 별도의 발음부호 없이도, 외래어를 그 발음되는 대로 완전하고 정확하게 표기할 수 있는 장점을 가진다.

한글은 억양(악센트)을 가지면서도 고저표기가 없는 문자로 알려져 있지만, 실제로 음절(音節)에 평 상 거 입, 4성을 가지고 있다. 현재 현행 한글은 자모(24자)와 무 악센트 문자로 세계문자 로마자, 중국어와 히브리어 문자보다 뒤떨어져 있다. 그럼에도 한글이 세계에서 가장 우수한 과학적인 문자라고 말한다. 이는 일대 모순(一大矛盾)적인 평가이다. 이런 모순과 한글의 퇴락(頹落)을 벗어나서 한글이 다시 세계문자가 되는 길은 어디에 있는가? 사라진 4자모 ㅿ(s-z 사이음), ㆁ(y/j), ㆆ(ʻ), ㆍ(으어 ə)를 복원하고, 연음(軟音) 자음 ㅎ(hr 목젖 떠는 소리), ㅱ(aw / ㅣ_), ㅸ ㅂ(v-w 사이음 여린 치설음), ㆄ ㆅ(f 센 치순음), ㄷ(ㄲ) 여린 치설음), ㅌ(θ 센 치설음)을 추가하며, 한글 악센트 평 상 거 입(활, 돌, 칼, 붇/붓)을 음절 모음 상위에 붙여서 쓰면, 따로 발음기호 없이 한글로 외래어 음가표기를 완전하게 사용할 수 있다. 훈민정음의 한글은 세계문자가 갖지 못한 음절 모음 위 악센트 표기 문자가 된다.

제언

1) 한글은 영어를 비롯한 외국어의 '발음기호'가 아니다.

영어의 'file'과 'pile'을 똑같이 '파일'로 적어 구별되지 않는 것이 문제라고 할 수 있다. 그렇다면 눈(眼)과 눈(雪)이 구별되지 않고, 벌(蜂)과 벌(罰)이 구별되지 않는 것이 심각한 문제가 되어야 한다. 같은 발음의 단어가 전혀 다른 의미로 사용되는 것은 어떤 언어에서나 볼 수 있는 일반적인 현상이다. 우리가 굳이 모든 영어 단어를 구별해서 적어야 할 필요는 없다. 우리의 한글이 영어의 '발음기호'가 될 이유가 없다.

2) 새 문자 도입해도 모든 발음이 표기되지 못할 뿐만 아니라 외국어 자체가 상이한 발음을 갖고 있다.

영어를 중심언어로 사용하는 미국과 영국과 호주가 서로 영어 발음이 다 같지는 않을 것이다. 영어권 국가 발음이 다 다른데 발음표기 문제라면 그것에 맞춰서 표기법 다 바꿀 수는 없다. 우리나라 사투리 발음조차도 아직 다 표기할 수 없는 실정이다. 한글은 한국어 표기를 위해 만들어진 문자다. 물론 시간이 지남에 따라 자모가 늘거나 주는 것은 있을 수 있다. 그러나 긴 시간을 거쳐 새로운 표기나 발음을 위해 바꿀 여지는 있을지 몰라도 외국어 발음을 제대로 표기하기 위해서 새로운 제안은 설득력이 약한 것 같다. 가령, 영어 Family를 패밀리. 훼밀리, 풰밀리, 패미리, 훼미리 등등 다양한 표기가 있다. 우리의 외래어 표기로는 패밀리로 정하고 있을 뿐이다. 외래어는 그 나라에 들어가면 그 나라말이 되기도 하고 도태되어 없어지기도 한다. 우리의 여호와는 잘못된 표기임을 잘 안다. 그 나라 상황에 따라 언어가 갖는 상징 의미는 매우 다를 것이다. 가령, 아파트, 빌라, 맨션이라고 할 때 우리는 이 중에 어느 것이 가장 좋은 집일까? 외래어 음가표기를 완전하게 사용할 수 있다고 할지라도 문제가 없는 것은 아니다. 미국의 손을 들면 영국이 발끈할 것이며, 영국의 손을 들면 미국 역시 마찬가지일 것이다. 예를 들어 pop를 영국에서는 폽 비슷하게 발음하고 미국에서는 팦에 가깝게 발음한다. cot를 영국에서는 콭, 미국에서는 캍으로 발음한다. 영국영어는 단어의 마지막 r발음을 하지 않는다. 영국에서는 harry potter를 '해뤼 포터'로 발음하는 반면에 미국영어는 파러에 가깝게 발음한다. letter도 영국은 레터, 미국은 레럴, 영국에서는 워터, 미국에서는 워러라고 하고 있다.

3) 외래어는 우리말화(化) 된 것으로서 다른 나라도 원어를 따라가고 있지 않다.

일본 외래어에서는 케이크를 케-키, 컴퓨터를 콤퓨-타, 텔레비전을 테레비죤, 팝콘을 폽프콩 등으로 발음한다. 코엘류 감독은 '꾸엘류'로 표기되기를 고집하는 바람에, 축구협회는 고심 끝에 본인의 의사와 된소리 표기를 피하는 우리말표기원칙을 절충하여 '쿠엘류'라는 절충안을 내놓아 언론에 협조를 요청했다. 한편 코엘류 감독은 자신의 명함에만은 '꾸엘류'라고 적고 있다고 한다. '거스 히딩크'(Guus Hiddink)라는 이름이 원래 네덜란드어로는 '휘스 히딩크'로 읽힌다고 한다. 처음에 영어식으로 거스 히딩크라고 했다가 현지발음표기원칙에 따라 뒤늦게 휘스 히딩크라고 한 것을, 히딩크 감독 본인이 '거스 히딩크'로 표기해 달라고 요청하여, 결국 '거스 히딩크'로 표기하게 된 사연이다.

'이번 수퍼볼에는 30개가 넘는 기업들이…'(ㅈ일보), '슈퍼보울이 오는 7일 오전…'(ㅅ일보), '결승전인 수퍼보울은 단일 경기로는 세계 최대 규모를 자랑한다'(ㅈ일보), '미국프로풋볼(NFL) 챔피언전인 슈퍼볼(Super Bowl)과 관련된 숫자다'(한겨레).

지난 화요일에 펼쳐진 결승전 관련 기사에 나오는 경기 이름이 네 가지로 표기되었다. '슈퍼'와 '수퍼', '볼'과 '보울'을 제 나름대로 조합해서 쓴 결과이다. 외래어 표기 규정에 맞춰 적으면 '슈퍼'와 '볼'이 맞다. '볼'(bowl)은 '서양 요리 따위에서 사용하는, 안이 깊은 식기'를 가리키지만 '식기 안면처럼 우묵하게 생긴 경기장'(표준국어대사전)을 뜻하기도 한다. '큰 사발처럼 생긴 미식축구경기장(또는 우승 트로피)'에서 유래한 경기 명칭은 '슈퍼볼'이다. 슈퍼는 'super-'의 발음 [suː-] 또는 [sjuː-] 가운데 널리 쓰인다고 판단되는 [sjuː-] 발음을 기준으로 하여 '슈'로 적도록 한 것이고, 볼은 '중모음은 각 단모음의 음가를 살려서 적되, [ou]는 '오'로 적는다'는 외래어표기법에 따른 것이다.(영어 표기, 제8항) 이처럼 외래어 표기는 관련 규범을 바탕으로 현지 발음과 관용 등을 따져 정한다. 정해진 표기는 약속처럼 함께 지켜나가는 게 중요하다. '미국에 가보니 이렇게 발음 하더라'며 제 주장을 내세우는 건 옳지 않다. 외래어는 외국인을 위한 게 아니라 한국어를 쓰는 사람을 위한 것이기 때문이다.

　　그럼에도 불구하고 방교수님의 주장은 세종대왕의 창제정신을 받들어 훈민정음에 감춰진 소리의 보물 곳간을 열어 활용한다면 즉 훈민정음 竝書규칙으로 모든 발음 표기가 가능하다는 것이다. 이럴 때 한글이 명실상부하게 세계의 문자로 우뚝 설 것이라고 주장한다. 끝으로 훌륭하신 구약학자로서 한글에까지 탁견을 보여주신 방교수님께 경의를 표한다.

4. 국제음성 기호에 사라진 한글4자모 등록
(한글과 로마자의 혼합과 융합)[12]

훈민정음의 사라진 4 자모들과 한글 주요 자모들을 IPA 음성기호에 대응을 시키면 다음과 같다. ㅿ = $\widehat{dz}$, ㆁ = j, ㆆ = ʕ, ㆍ = ə, ㅇ(한글) = ʔ, ∧ (훈민정음 확장; 心, 치두음) = ɬ, ㅊ(한글) = $\widehat{ts}$.

그리고 필자가 새롭게 고안해서 표기한 한글 연음들과 IPA 음성기호는 다음과 같이 대응된다: ᅌ(ㅇㄱ) = ɣ, ᅌ(ㅇㄷ) = ð, ᅌ(ㅇㄹ) = ʁ(IPA), ᅌ(ㅇㅂ) = v, ᅌ(ㅇㅁ) = aw, ᅌ = χ, ᅌ(ㅇㅌ) = θ, ᅌ(ㅇㅍ) = f. 앞의 표기에서 괄호 안의 기호는 유니코드 기호이다. 유니코드에서는 한글 연음(軟音) ㄱ ㄷ ㅂ ㅌ ㅍ 자음 왼편에 연음소 ㅇ 표기를 나란히 병서한 반면, 필자는 연음소 ㅇ을 자음 위에 연서(連書)한다. 기존의 훈민정음 체계에서는 연음소 ㅇ을 자음 아래에 연서(예. ㅸ ㅱ 비교)한다. 유니코드의 ㅇㄱ형의 병서는 쌍자음처럼 수평 면적을 차지하여 시각적인 불편함을 주는 반면, ᅌ의 연서는 수직적이라 시각적인 부담감이 덜하다고 본다.

본 장에서는 국제 음성 기호(IPA) 표기 방법의 문제와 한계, 그리고 그 보완점을 제시하고자 한다.

국제 음성 기호에는 그리스어, 라틴어, 키릴문자, 스콰미쉬어 등의 다양한 문자들을 채택하고 변형하여 총 94 개의 음성기호들을 제시하고 있다. 이 가운데 눈 여겨 볼만한 기호는

---

[12] 방석종, 출애굽기 역주, 월드북, 2015, pp.49-56에서 발췌함.

ʔ로서 성문 폐쇄음(glottal stop)을 표시하는 문자이다. 히브리어 알레프 א와 한글 ㅇ에 해당하는 발음이라고 볼 수 있다. 본래 성문 폐쇄음은 아랍어나 히브리어의 음역 기호인 ' 로 표현되었으나 이를 크게 확대하여 IPA 에서는 ʔ로 사용하고 있다. 특히, 이 기호는 캐나다의 British Columbia 남서부에 거주하는 원주민인 스콰미쉬 사람들이 사용하는 언어를 되살리는 과정에서 스콰미쉬어(Squamish Language) 표기 체계에 포함되기도 하였다.[13]

기존의 세계 언어와 문자 발음기호를 표기하기 위해서 주로 사용되던 로마자 음성 국제 발음기호가 국제 음성 발음기호(IPA)로 대체된 것은 기존의 체계가 각 인종 언어 발음을 세밀하게 표현하는데 부족했기 때문인 것 같다. 그럼에도 상당 부분 보완된 IPA 체계는 여전히 만족한 발음기호를 보여주지 못하는 것 같다.

예를 들어, 라틴어 자음이 가진 발음의 한계 때문에 특정한 자음의 발음을 표기하기 위해 이중 자음을 쓰는 경우가 종종 나타난다. 그러나 이중 자음을 되도록 하나의 글자로 표현하는 것이 보다 편리하다고 볼 때, 이러한 단점을 한글 자음 내지 훈민정음의 사라진 4자모를 이용하면 한계가 보완된다(예. $\widehat{dz}$ = ㅿ, $\widehat{ts}$ = ㅊ).

---

[13] ʔ를 타이핑하는데 어려움이 있어 종종 이 기호 대신에 유사한 모양의 숫자인 7을 대신해서 사용한다. Squamish를 스콰미쉬어 방식으로 표기하면 Sḵwxwú7mesh이 된다. 스콰미쉬어에 관해서는 Ruth Anne Dyck. *Prosodic and Morphological Factors in Squamish (Sḵwxwú7mesh) Stress Assignment*. Dissertation for University of Victoria, 2004를 참조하라.

또한 발음 기호의 제자 원리에 대해 생각해 볼 필요가 있다. 세계 문자로서 기능하기 위해서는 언어와 국경을 초월해서 쉽게 배울 수 있는 문자를 채택하는 것이 좋을 것이다. 인류가 최초로 글자를 만들 때 사물의 형상을 본떠 만든 상형문자를 사용했다는 것은 매우 중요한 통찰력을 제공한다. 이런 의미에서 인간의 구강 구조를 응용하여 제자한 '구강상형문자' 한글은 그 원리만 이해하면 보편적으로 이해될 수 있는 글자라고 생각한다. 예를 들면, 앞에서 언급한 성문 폐쇄음은 IPA 에서 ʔ로 표시되고, 스콰미쉬어에서도 사용이 되는데 이 글자 만으로는 어떤 소리가 나오는지 직관적으로 알 수 없다. 위 기호를 뒤집어 놓은 후음(히브리어 ע에 해당) ʕ 역시 이 기호 만으로는 그 발음을 이해할 수 없다. 그러나 구강 상형 문자인 한글 ㅇ과 훈민정음 ㆁ은 자연스럽게 사람의 동그란 ○ 목구멍의 구강상형을 형상화한 것으로 문자에 대한 이해가 없는 사람들도 손쉽게 배울 수 있는 장점이 있다.

또한 발음기호를 고안하는데 있어서 소리와 형태의 통일성이 마련되는 것이 중요하다. 훈민정음은 이런 측면에서 매우 편리하고 체계적인 특징을 보이고 있다. 예를 들면, 치음(齒音)의 경우 ㅅ을 을 기본으로 하고 여기에서 파생되는 다양한 음을 기본 문자인 ㅅ에 가획을 하여 ㅈ ㅊ ㅉ ㅆ 등의 글자를 만든 것이다. 이러한 형태의 공통성을 통해 동일한 발음군에 속하는 다양한 자음들을 손쉽게 익힐 수 있다. 히브리어의 경우 ס שׁ שׂ은 전통적으로 각기 s š ś 등으로 음역한다. 이 역시 s 라는 기본 발음에서 파생되는 다양한 음가를 형태적으로 적절하게 표현한 것이라 볼 수 있다. 그러나 IPA 의 체계에서는 위 세 개의 글자는 ɬ ʃ s 로 표기된다. IPA 체계 내에서는 위 세 개의 음이 음운적인 연관성을 가지고 있음에도 불구하고 형태적으로 이런 연관성이 전혀 드러나 있지 않기 때문에 문자 표기의 체계성이 매우 떨어진다고 볼 수 있다. 훈민정음 체계에서는 중국어 발음의 치두음(ᄼ에 해당)과 정치음 (ᄾ에 해당)을 표현하기 위해 ㅅ 기호를 변형시켜 각기 ᄼ과 ᄾ으로 표기하여 앞서 언급한 소리의 연관성과 형태의 연관성을 적절하게 표현해 내었다. 따라서 한글과 훈민정음이 다양한 발음을 표현하기 위한 보다 합리적인 체계를 가지고 있다고 볼 수 있다.

뿐만 아니라 국제음성 기호 확장 난에 z z ʤ 의 하나는 훈민정음의 사라진 문자 여린 시옷 ㅿ에 해당할 것이다. 그럼에도 국제 음성기호 확장에는 동양의 소리글 한글이 국제 기호에서 빠져 있는 것은 서구 중심의 편견이 작용하는 것 같다.

지금까지 세계 언어학자들은 보다 정확한 발음 체계를 만들기 위해서 '국제음성기호'(IPA)를 제정한 것 같다. 그럼에도 동양의 소리글 표음문자(表音文字)인 한글이 로마자와 같이 자음과 모음 이 조합(組合)되는 체계이고 성서 히브리어의 자음과 모음, 자음 옆과 아래에 위치한 모음의 조합 문자와 똑같은 체제(자질문자)라는 것을 간과하는 것 같다. 중국의 한자어 상형문자, 일본의 자모가 통합된 음절 문자로는 로마자, 히브리어 그리고 한글과 같은 보다 체계적이고 자유로운 자모조합이 불가능하다. 한글은 세계의 다양한 발음을 표현할 수 있는 과학적이고 합리적인 글자 체계로서 한글 발음표기가 **IPA** 와 같은 서구 언어를 바탕으로 한 발음 통일안과 함께 병행 표기될 수 있다면, 보다 완벽한 국제 발음 표기안이 제정될 수 있으리라 본다.

58 | 세계 정음 새한글 신론

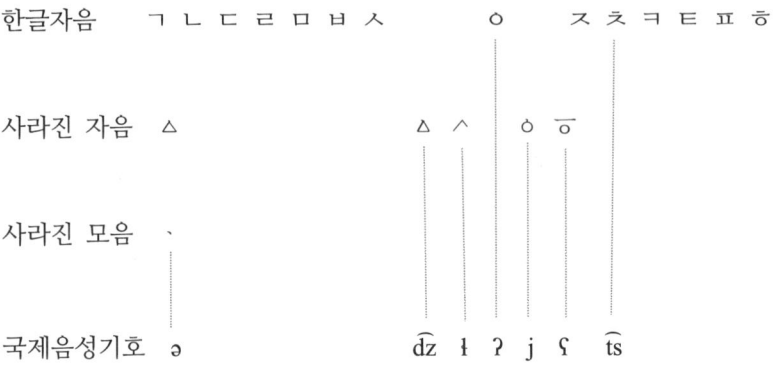

위에 점선으로 연결된 자음들 6개를 보면 한글과 훈민정음은 모두 단자음/홑자음인 반면, 국제음성기호는 d͡z t͡s 등과 같은 겹자음의 사용이 나타난다. 그러나 셈어 음역을 위해 사용되었던 로마자 음역 체계를 보더라도 하나의 자음에는 하나의 음성 기호가 대응되는 것이 합리적이라 볼 수 있다. 이런 측면에서 한글 훈민정음의 사라진 4 자모들을 이용해 단자음으로 표현하는 것이 현재 IPA 문자보다 간결하고 명확한 표기 방법이라 볼 수 있다.

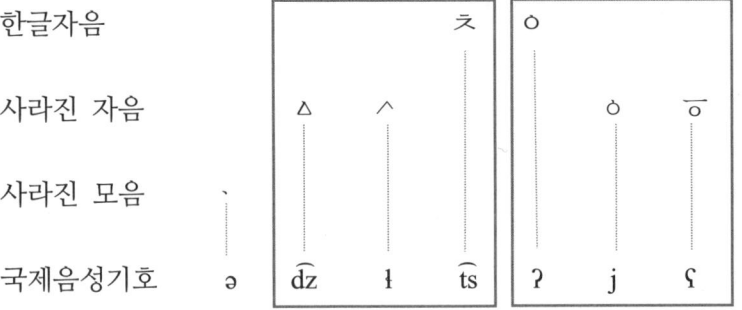

그리고 위에서 사각형 안에 표시한 치음과 성문폐쇄음/인두음(목구멍 소리, 곧 ㆆ·ㆁ, 엣센스 국어사전, 1286쪽 참조) 등을 표기하는 한글/훈민정음의 체계와 IPA 체계의 비교를 보라.

한글/훈민정음은 닮은 소리군이 친속성을 가진 글자의 형태를 공유하고 있음을 볼 수 있다. 그러나 IPA 는 소리와 형태 사이에 어떤 연관성도 나타나지 않기 때문에 음성기호로서의 기능이 한글/훈민정음에 비해 적절하다고 보기 어렵다.

그러므로 동서양을 초월해서 인류 보편적인 세계성을 보이는 한글 훈민정음 문자를 정교하고 세밀한 음성기호로 받아드릴 필요 가 있다고 본다.

아래는 위에서 제안한 한글 자음들을 기존의 몇 가지 IPA 자음들을 대체하여 표현한 예이다. 필자는 아래와 같이 한글 자음 표기가 IPA 체계를 보완할 수 있으리라 생각한다.

1. אֶזְרֹועַ 팔
    한글 음역 표기: 애즈로아
    로마자 음역 표기: 'æzrôaʻ
    국제음성 알파벳(IPA):   ʔæd͡zrôaʕ
    한글 국제음성 표기(IPA 보완):   ㆆæ△rôaㆆ

2. צְעָקָה 부르짖음
    한글 음역 표기: 츠아카
    로마자 음역 표기: ṣǝʻāḵâ
    국제음성 알파벳(IPA):   t͡sǝʔāḵâ
    한글 국제음성 표기(IPA 보완):   ㅊ·ㆆāḵâ

3. שַׂעֲרָה 털
    한글 음역 표기: 사하라
    로마자 음역 표기: śaʻărâ
    국제음성 알파벳(IPA):   ɬaʕărâ
    한글 국제음성 표기(IPA 보완):   ㅿaㆆărâ

4. יְהוֹשֻׁעַ 여호수아
   한글 음역 표기: 여호수하
   로마자 음역 표기: yəhôšuaʻ
   국제음성 알파벳(IPA):   ʔyəhôʃuaʔ
   한글 국제음성 표기(IPA 보완): ㅇhôšuaㅇ

한글을 이용한 국제음성 알파벳의 보완은 IPA 의 자모 중 7개 자모 문자에 한정된다. 한글을 로마문자와 병행하여 혼합형의 음성 알파벳으로 사용하는 경우, 한글과 로마자의 혼합이 일시적인 혼란을 주고, 이질감과 거부감을 줄 수 있겠지만, 문자사용의 원칙론에서 보면, 한글과 로마자는 문자형태가 다르긴 하지만, 표음 문자로서 자음과 모음을 조합(組合)하는 공통성이 있다.

한글 국제음성 알파벳은 우선적으로 한국인과 한글을 배우는 다문화 가정을 위한 로마자와 자국어(自國語) 음역에 그치겠지만, 넓게 보면, 세계 언어학자들이 로마자에 없는 국제음역 문자를 낯선 기호로 대용(代用)하기보다 문명사적으로 1446년 창제된 철학적-과학적-미학적인 문자인 한글을 국제음성 알파벳으로 채택하는 것이 정당하다고 본다. 그에 대한 근거는 1960년 이후 세계 언어학자들 예를 들면 O. Reichschauer, F. Vos, G. Samson, J. Diamond, W. Sasse, A. Fabre, R. Ramsey 와 우메다는 한글의 과학적인 원리의 우수성을 적극 평가한 바 있다. 그리고 J. Diamond 는 훈민정음의 28개 표기법을 로마자 알파벳보다 과학적으로 우수한 것을 지적하고, 로마자에 비해 한글이 모음과 자음이 한 눈에 구분되며, 일정한 원리에 따른 음성학적인 근거로 창제되었으며, 자음의 음소와 모음의 음절이 조합되는 글자라 하였다. 그러므로 국제음성 알파벳(IPA)은 이제라도

로마자에 없는 음역 자모를 한글로 보완 하여 로마자와 상호 보완 역할을 하게 할 세기적(世紀的)인 책임이 있다고 본다. 한글 훈민정음은 세계 인류의 다양한 음성을 문자로 조합 표기하는 시각적(視覺的) 인 세계최고의 문자에 해당한다.

특히 모음 중 반모음 아래아 ㆍ는 '으어'의 사이 음으로 로마자 e 를 거꾸로 표기한 ə 보다 쓰기에 쉽고 간단하다. 이는 로마자 음역과 함께 쓰여도 아주 자연스러울 것이다. 한글 국제 음성 알파벳 6개 자음들 ㅿ(로마자 dz), ㅅ(ś 나 ʃ), ㅊ(ts), ㅇ(ʔ), ㆁ (j), ㆆ (ʕ)의 음역은 국제음성 알파벳(IPA)이 음역원칙을 벗어나 두개 겹자음과 낯선 고대 문자를 사용하는 것보다 적합하며, 설득력이 있는 보편적인 인류의 세계 성을 가지고 있다고 하겠다.

그 동안 우리는 한글 24자를 가지고 세계에서 가장 우수한 문자라고 입버릇처럼 달달 외우기만 했다. 그러나 훈민정음 28자가 로마자보다 우수함을 구미(歐美) 언어 학자들이 인정하고 그 존귀 함과 실용성을 찾아 주었다. 이 때에 우리는 훈민정음 7자모가 한글 국제음성 알파벳으로 국제 음성 알파벳(IPA)에 법적으로 등록되는 국민적인 합의를 모아야 하겠다.

2-2. 새한글의 연음표기 방안

1. 경세정운도설

외래어 표기를 위한 ㅸ 제자 원리

최석정(1646-1715, 18세기)은 15세기 훈민정음 창제 이후 조선어 음운 연구의 학자이다. 홍양호에 의해 최석정은 소리를 초성, 중성, 종성으로 나누고 음운은 평상거입으로 나누었다.

그의 경세정운도설 원본은 일본 경도 대학 부속 도서관 하곡 문고에서 사본 두 책(건, 곤)으로 발견되었다. 이 책은 대략 1701-1715년 사이에 저술된 것으로 보인다. 다시 이 책은 1678년 저술된 것으로 고증되었다.[14] 경세정운도설은 훈민정음 해례가 나온 후 최초로 《《훈민정음》》을 연구한 저서가 된다.

최석정은 부제학, 이조 판서, 좌의정, 대제학, 영의정을 역임한 관료 출신이다. 이는 운학(韻學)과 자학(字學)에 조예가 깊은 학자이다. 최 석정은 소 옹의 《《황극경세 성음창화도》》를 깊이 연구하여, 그것을 토대로 훈민정음의 체계를 운도로 나타내려고 하였다.[15]

---

[14] 허동진, 『조선어학사』, 1998, 142-151쪽. 특히 143쪽 각주 50 참조.
[15] 허동진, 상게서, 143쪽, 각주 52 참조.

최석정의 《《훈민정음》》 연구는 열수 상형설을 바탕으로 초성 17자인데, 그는 5행을 바탕으로 설명하였다. 5행은 목화토금수의 순서이다. 도표로 보면, 5음은 목(木) 아음, 화(火) 설음, 토(土) 순음, 금(金) 치음, 수(水) 후음이고, 아음은 각(角), 설음은 치(徵), 순음은 궁(宮), 치음은 상(商), 후음은 우(羽), 5음, 5행, 5음(계) 방위와 결부시킨 성리학적 이론을 따랐고, 이는 《《훈민정음 해례본》》과 맞물린다.

　　최석정의 16개의 종성은 '한 받침' 12개(아음 ㅇ/ㄱ, 설음 ㄴ/ㄹ/ㄷ, 순음 ㅁ/ㅂ, 치음 ㅿ/ㅅ/ㅈ, 후음 ㅇ/ㆆ), '둘 받침' 4개(설아(舌牙)음 ㄹㄱ, 설순(舌脣)음 ㄹㅂ, 설치(舌齒)음 ㄹㅅ, 설후(舌喉)음 ㄹㆆ은 아주 중요한 연구이다.

　　한 받침은 그대로 종성으로 사용되는 데에 대하여 'ㆆ' 만 제외하고는 이의 없이 쓰인다. 둘 받침 설아음 '닭', 설순음 '넓다', 설치음 '곬', 설후음 '끓다' 등이 있다.

　　여기서 주목해 볼 수 있는 것은 종성 둘 받침(ㄹㄱ)은 구강 상형 문자(口腔 象形 文字)인 한글/훈민정음의 두 개의 다른 구강 위치의 결합(혀와 어금니 소리)을 구체적으로 나타내고 있다는 점이다. 그렇다면, 초성 음의 몇 개도 구강의 두개 위치가 부딪히거나, 닿거나 해서 '사이음'(예, 영어 f, v, th, aw, w등)들을 만들 수 있다고 본다.

　　현재 우리는 주로 단순한 한 구강 부위(部位)음만을 순수 한글의 초성 음이요, 그 외, 다른 것은 한글/국어가 아니라고 딱 거절을 해 버린다. 예를 들어 보자

구강상형(口腔象形) 문자의 특징:

ㄱ. 구강(입 속)의 1부위 음들 아음(牙音)　ㄱ ㅋ ㆁ
　　　　　　　설음(舌音)　　　　　　ㄷ ㅌ ㄴ
　　　　　　　순음(脣音)　　　　　　ㅂ ㅍ ㅁ
　　　　　　　치음(齒音)　　　　　　ㅈ ㅊ ㅅ
　　　　　　　후음 (喉音)　　　　　　ㆆ ㅎ ㅇ
　　　　　　　반설음　　　　　　　　ㄹ
　　　　　　　반치음　　　　　　　　△

ㄴ. 구강의 양 부분 2부위 음들 양순음(兩脣音) ㅂ은 위 아래 입술을 동시에 대고 소리를 부드럽게 낸다. ㅍ은 위 아래 입술을 마주대고 거세게 터뜨린다.

ㄷ. 구강의 서로 다른 2부위 음들은 훈민정음의 치순음(齒脣音) 퐁과 뽕이라 할 수 있다. 이는 영어 F와 V에 해당한다. 퐁은 ㅍ (순음)과 ㅎ(후음)의 중간 정도의 음세(音勢)를 가진다. 파열음 ㅍ 도 후음 ㅎ도 아닌 중간음이다. 구강음으로 윗니를 아래 입술에 대고 떼어 내는 소리이다.
　그렇다면 우리가 과연 이런 두 개의 다른 구강부위를 마주치게 하면서 ㅍ음을 사용하고 있었겠는가? 한글 영역에서 그런 치순음 은 없기 때문에, 우리는 영어 F를 말하는 사람에 따라 우리식으로 ㅍ(순음)이나 ㅎ(후음)으로 발음하고 있을 뿐이다(패밀리/훼밀리).
　그러나 영어 발음 F는 우리 한글 순음이나 후음이 아니다. 여기에 한글과 영어 발음의 서로 다름과 차이가 있다. 그리고 우리 한글이나 훈민정음에 치순음이 없기 때문에 굳이 한글로 F발음을 새로 만들 필요 없이, 영어 발음을 그대로 쓰면 된다는 것이다.
　즉 한글에 1부위 음과 서로 같은 2부위 음 외에 더 이상 서로 다른 부위의 '치순음' 들을 가질 수 없다는 것이다. 그러나 영어

F는 윗니에 아래 입술을 올려 붙이면서 파열 시키면, 여린 피읖 ㆄ이 된다. 영어 V는 윗니에 아래 입술을 올려 부드럽게 밀면 여린 쌍비읍 ㅹ이 된다. ㅹ의 경우 ㅸ과 혼동해서 쓰는 분들이 있다. ㅹ은 신경준의 초성 36자모 분류 체계도의 순음 중 경순음 ㅱ微, ㅸ非, ㆄ敷, ㅹ奉에 제시되어 있다.[16] 아마도 ㅃ밑에 ㅇ은 연음소 (軟音素) 작용으로 쌍비읍 ㅃ에서 ㅂ을 빼어(감하여) 여린 ㅂ 즉 V 음을 내게 하는 것 같다. 이런 맥락에서 여린 ㅸ은 W(우)와 V(부) 사이에서 ㅂ와 ㅇ사이에서 유동성을 보인다. 즉 독일어 이름 Wagner가 봐그너-와그너의 두 개의 유동적인 음을 나타내는 것에 비교 된다.

여린 양순음 ㅸ에 대하여

훈민정음 창제 당시 여린 비읍 ㅸ은 지방 사투리와 경기지방에서 쓰이는 '더위'를 온전한 음으로 표기하려는 데서 연유되었다고 한다.

경기지방의 '더위'가 경상-전라 지방의 '더뷔'와 함께 쓰이기 위해 '더버'라는 여린 비읍의 양순음으로 - 이체자(異體字)이긴 하지만- 발전하였던 것 같다. 그럼에도 이런 양순 음은 구강형상의 같은 부위 양 입술을 대었다가 얼른 떼어내는 소리이기 때문에 한글 음으로는 자연스럽게 나오는 음이다. 문제는 ㆄ과 같이 두 개의 다른 구강 부위를 마찰시켜 내는 발음이다.

치설음(齒舌音) 영어 th에 대하여

치순음(齒脣音) ㆄ(F)과 같이 치설음은 2개의 음(音)들 Th(ㄸ), Th(θ)가 있다.

우리 한글은 치음(ㅈ ㅊ ㅅ) 아니면 설음(ㄷ ㅌ ㄴ)의 단독적

---

[16] 허동진, 상게서, 164 참조

인 구강 부위 음만 사용될 뿐 두 개의 다른 구강 음의 동시적인 발음은 없다. 아주 약한 음이긴 하지만, 반시옷(여린시옷) ㅿ이 치설음에 가깝다는 가능성이 있기는 하다. ㅿ음은 위아래 이 사이에 혀끝을 닿게 하여 내는 s-z사이 음이기 때문이다. 그러나 현재 한글 24자에서 ㅿ음은 사라졌다. 그래서 현재 우리는 영어 Thank를 '쌩크'로 발음하고, Theater(θiətər)를 '시어터'로 발음한다. 영어 Father (fa:ᵹər)를 '파더'로 발음한다. 첫 번 Th는 ㅅ(s)로, 나중 Th는 ㄷ(d)로 발음한다. 그러나 영어 발음은 단순한 한 가지 자음이 아니다. Thank에서 Th는 치설음(齒舌音)으로 윗니에 혀를 올려붙여 긁어내리는 소리(Θ)를 낸다면, Father에서 Th는 윗니에 혀를 대주는 부드러운 치설음(ᵹ)이다.

이런 두 종류의 치설음은 한글에 없다. 그래서 현재의 한글 자음 14개 범위 안에서 치설음(Th)을 표기하는 것은 음운적으로 불가능 하다.

위에서 우리는 한글에는 영어와 같은 F, V, Th, W음이 없어 영어와 똑같은 발음을 할 수 없으니까, 영어에 맞는 새로운 한글을 만들기 보다는 영어를 그대로 쓰면 된다는 결론에 도달할 수 없다는 한계에 부딪힌다. 정말로 한글로 영어 발음을 똑같이 낼 수 없는 것일까? 문제의 해결은 영어에 맞는 새로운 한글을 성급하게 만드는 것 보다 우선 되어야 할 것이 있다. 그것은 음운적으로 '합음' (合音)을 활용하는 것이다.

한글 (훈민정음) 종성(받침)의 2조합음(組合音)

현재 한글은 초성에서 쌍(겹) 자음은 사용해도, 다른 자음의 합음은 쓰지 않고 있다. 그래도 받침으로 2합음인 경우, 예를 들면 '닭'을 '닥'이라 하지 않고, '달기'라고 발음을 할 줄 안다. 종성에서 설음 ㄹ과 아음 ㄱ을 동시에 붙여서 낼 줄 알면서, 초성에서는 풍음인 치음과 순음을 동시에 붙여서 낼 수 없다는 것이 말이 되겠는가?

우리는 현재 한글 종성 체계 중 2합음 발음 법칙에 따라 얼마든지 초성 체계 중 2합음을 낼 수 있다. 따라서 어렵다고 하는 Th 치설음도 한글 문자로 정해진 자음만 있으면, 발음할 수 있다고 본다(예. '넓다'를 '널다'라 하지 않고, '널브'를 한 음절로 빠르게 발음할 수 있다). 이와 같이 우리는 이제 한글 종성의 2합음들[17] 뿐만 아니라 초성의 'ㅂ' 계 합용병서 예 싸는 휩싸로, 쓸은 휩쓸로, 싸리는 뎁싸리로, 쁠은 오랍뜰의 축약획을 나타내며, 각 초성 합용병서는 음운적으로 순음 ㅂ과 치음 ㅅ이 합음된 것이다. 또 순음 ㅂ과 설음 ㄷ이 'ㅳ'로 발음된다. 영어를 모르던 조선조 사람들이 이렇게 복합적인 합용병서를 일상생활에서 쓴 것은 경탄할 만하다.

그러므로 이제 우리는 한글 자모 24개 자음 하나 하나에 매달리지만 말고, 조선조 사람들이 초성이나 종성에서 합용병서, 2합음을 자유자재로 썼던 어문학적인 역사를 새롭게 인식하면서, 하루 바삐 2합음을 필요로 하는 영어 등 서구와 중국어 F, V, Th, W 음들을 ㆄ, ㅹ, ᴅ́, ᴛ́, ㅸ 음으로 대응하는 일을 서둘러야 할 것이다. 물론 최종의 자형(字形)은 새 한글 연구자들의 심사숙고한 중지(衆智)가 요청된다.

우리말이 된 외래어 (국어화 한 외국어, 차용어(借用語))

현재 24자의 한글 외에 새 한글이 제정되는 경우에 생각하고 준비할 것은 크게 두 가지이다. 하나는 이미 우리말로 쓰이는 차용된 외국어들을 원음대로 발음하는 것이고, 다른 하나는 우리 일상적인 말과는 거리가 있는 전문용어와 외국어 음가 표기에 대응하는 한글 음역의 문제이다.

예를 들면, 외국어 타바코(Tabacco)에서 '담배'라는 어휘가 나왔

---

[17] 예, 삶, 곬, 돐, 넓다, 잎 등; 박창원, 『중세국어 자음 연구』, 한국문화사, 1996년, 111-135 참조.

다. 사전에 보면, 외국어를 우리말로 만들어 부르는 단어들은 얼마든지 있다. 그것은 여기서 문제가 되지 않는다. 문제는 외국어를 그대로 받아 차용하는 말들이다.

우리 역사와 문화에서는 존재하지 않았던 것들이다. 시간이 지날수록 엄청난 외국어가 우리말을 대신하게 될 것이며, 세계화 글로벌화라는 이름 아래 외국어가 통째로 들어와 여과 없이 우리말로 짓기 전에 이미 우리말이 되어버리는 사례들이 걷잡을 수 없이 우리를 덮어버리고 있다. 경제, 교육, 과학, 예술, 문화, 군사무기 등 우리에게 없는 것들이 우리 생활과 직업 현장에 자리를 잡고 있다.

새 한글의 용도(用途)

일본어 가다카나(カタカナ)는 외국어 외래어 명사 표기로 쓰인다. 예를 들면 다음과 같다 : プループ(구루-부), ニュース(뉴스), タバコ(다바꼬), ギョーザ(교오자), メンバ-(멘바-), クリスマス(구리즈마즈), コ-ヒ-(고히).

서구의 로마자는 단어와 발음기호를 가지고 있는 것이 우리 한글과 다르다. 그리고 서구 로마자는 다른 고대어 음가를 표기하기 위해 라틴어 확장과 국제음성기호를 따로 정해 놓고 전문적인 서적의 용어들을 로마자로 음역해서 쓰고 있다. 이런 것은 사전에 실리지 않고, 문법책에 약정된 부분이 되고 있다. 세계성서 학자들이 고대어 그리스어와 히브리어가 일반적으로 쓰는 로마자와 생소하여 따로 '라틴어 확장' 즉 영문 및 라틴어와 국제음성기호를 유니코드 문자표에 넣고 활용하고 있다. 이런 라틴어와 국제음성기호들은 국제적으로 인정된 표기이다. 그래서 누구나 히브리어를 라틴어로 표기하려면 이런 유니코드 문자표를 기준하여 공식적으로 따라야 할 의무를 가진다. 그럼 어떻게 히브리어가 로마자(라틴어)로 표기되는 것인가 ?

히브리어 문자와 훈민정음 음가 비교
(외래어 표기를 위한 여린 비읍 ㅸ)

구약정경을 기록한 소수의 약한 이스라엘 백성이 세계 강대국의 자모의 음가를 히브리어로 압도하는 것인가? 그렇다. 히브리어는 그리스어와 라틴어로 표기할 수 없는 음가를 이미 가지고 있었고, 악센트도 음악 악보처럼 22개 종류를 문장에 달아 놓고 있다. 뿐만 아니라 모음의 장단들은 반모음(우리 훈민정음의 아래아 · 에 해당됨) '셔와'를 비롯해서 단모음(파타흐), 장모음(카마츠), 최단모음(하테프 모음), 최장모음(일반모음과 자음 헤의 합음)이 있다. 그 외에 문단의 경계를 표시하는 열린 절 프투하(פ)와 닫힌 절 스투마(ס)가 본문의 장절(章節)들 사이에 기재되어 있다. 문학적으로 거의 완벽한 자모들, 구두점(중간 쉼표 '아트나흐' 와 마침표 '실루크'), 악센트와 장절 그리고 다른 책들의 병행 문들이 난외에 참고내용으로 있으며, 고대 사본들과 역본들을 책 아래 각주 난에 비치하여, 본문번역과 주석을 위해 해명할 수 있도록 비치해 놓았다. 이는 히브리어와 함께 아람어, 시리아어, 그리스어, 라틴어 등 고대 중동 아라비아와 소아시아 지역의 언어들로 기록된 문헌들이다.

그런데 서구 유럽은 히브리어 문자가 읽기 어려워서 라틴어로 음역을 표기하였다. 주로 로마자 문자 자음(子音)으로 히브리어를 읽기 어려운 것들을 히브리어 음가에 맞추어 확장한 것이다. 예를 아래에 병렬한다:

히브리어	로마자	훈민정음	한어(漢語)음
와우(봐브) ו	Waw, W	ㅸ	위 非
자인 ז	Zain, Z	ㅿ	샹 穰
헤트 ח	Het Ḥ	ㆅ	뽕 洪
테트 ט	Ṭêt Ṭ	ㅌㅌ	탐 探

ㅅ ᄝ   Śîn Ś   ㅅ (치두음)   심 心
ㅅ ᄝ   Šîn Š   ᄼ (정치음)   심 審
페 ㅇ   Phē ph/f   ㅍ   푸 夫
달렡 ㄱ   Dâlet d ㄱ   ᄃ   다 池
타:브 ㄲ   Tāw t Θ   ᄐ   타 咤

위에 제시된 히브리어를 중심으로 해서 로마자와 훈민정음의 음가 표기를 보면, 로마자는 정상 자음 아래 '강음 표기'의 점 · 이 가운데 있다. 그리고 자음 아래 가로선 _ 은 '여린 음'(약음)을 나타낸다. 그 다음 자음 Ś(신)은 가늘고 날카로운 음을 나타내고, Š(쉰)은 두텁고 묵직한 소리를 낸다.

V는 ㅸ가 아니라, ㅹ이다

훈민정음은 주로 여린 연음(軟音) 표기를 위해서 해당 자음 아래 연음소 빈소리 ㅇ 동그라미표를 가운데 표기한다. 허동진은 '신경준'(1712-1781년)의 훈민정음운해를 소개하면서 순음들 ㅱ ㅸ ㆄ ㅹ 은 두 입술을 붙일까 말까 하면서 날숨을 불어내는 소리요, 동그라미 ㅇ 는 합하지 않고 입김을 불어내는 것을 본뜬 소리이며, 이것은 '우'의 재차 변한 소리라고 했다.[18] 이런 여린 순음의 용도에 관해서 유희(1773-1837)는 언문지에서 ㅸ ㅹ 음은 조선어 한자음에는 필요하지 않고, 한어(漢語)의 한자음에만 필요하다고 했다.[19] 이런 순경음은 용비어천가에서 ㅱ ㅸ ㅹ 음으로 보인다.[20]

노정섭(1849-1909)의 광견잡록(廣見雜錄)에서 노정섭은 ㅸ 은 입술을 붙일락 말락하며 불어내는 소리라고 했으니, 이는 박성원 (1697-1767)이 '화동정운 통석운고에서 부는 '부-우'의 간음(間音,

---

[18] 허동진의 『조선어학사』, 169쪽.
[19] 허동진, 상계서, 190쪽.
[20] 허동진, 상계서. 209쪽

사이음)이라 한 것과 같으며, 영어로 V-W 사이 음으로 말한 것 같다.

그러므로 최근에 여러 연구자들이 ㅸ을 V 로 대응시키는 것은 논거가 매우 희박하다 하겠다. 특히 한어음(漢語音) 비(非, 위와 뷔 사이 음)를 표기하기 위한 ㅸ이었다면, V는 윗니로 아래 입술을 대면서 부드럽게 입 안의 소리를 내보내는 것이다. 고로 V는 치순(齒脣)음이지, ㅸ처럼 양순음(兩脣音)의 소리가 되지 않는다.

ㅃ 음의 특징

한글 자음 ㅂ은 한어 발음으로 법(法)의 음가이다. 이는 홑자음이지만, 겹자음 ㅃ처럼 강한 음을 내기도 한다. 예를 들면 외래어 '버스'(Bus)가 '뻐스'로 강한 소리를 낼 수도 있다.

'박박' 긁는다를 '빡빡' 긁는다로 강한 소리를 내지만, '박박'으로 쓴다. 그리고 앞 음절이 받침이 있으면, 뒤 음절 ㅂ 은 강한 음인 'ㅃ'로 변음 된다. '그럴 법하다'가 '그럴 뻡 하다'로, '떡밥'이 '떡빱'으로 강한 음으로 변음 된다. 영어 백(Back)이 강한 음인 '빽'으로 변음 된다. 따라서 ㅂ과 ㅃ은 강한 음을 내지만, 홑 'ㅂ'의 음가를 가진다. 이와 다르게 ㅸ은 ㅂ처럼 강한 음을 내지 못한다. ㅃ아래 동그라미 ㅇ가 하나의 ㅂ을 빼내어 강한 비읍군(群)인 ㅂ/ㅃ가 아니라, 약음(弱音) 'ㅂ'으로 변음 된다. 왜 이런 음가의 현상이 나타나게 되는가? ㅸ이 V(부)와 W(우) 사이 음으로 ㅂ을 가져갔기 때문이다. 그래서 약한 음의 ㅂ은 ㅃ아래 ㅇ(동그라미)를 붙여 주어서 본래 강한 음의 'ㅂ/ㅃ'이 아닌, 약한 음의 'ㅂ'으로 변음 시키게 한 것 같다. 이는 히브리어 베트 ב, 즉 연강점(軟强點) 없는 베트가 약음의 V = ㅸ에 대응하는 것과 같은 음리(音理)라 하겠다. 이와 비슷한 음리는 일본어 외래어 표기법을 위한 약음과 변음에서도 찾을 수 있다.

일본어 외래어 표기법

　일본인은 본래 일본어는 히라가나(ひらかな)로 쓰지만, 외래어는 가다가나(カタカナ)로 쓴다. 이런 가다가나는 외래어, 의성어, 의태어, 외국의 인명, 지명, 전문용어, 동물과 식물의 이름, 전보, 강조문 등에 쓰인다. 특히 가다가나 문체는 탁음(濁音, 울림소리)의 표시로 오른 쪽 어깨에 두 점 (ガギグゲゴザジズゼゾバビブベボ 가 기 구 개 고 자 지 즈 제 제 조 바 비 부 베 보)을 붙여 약음 표기와 변음 표기로 쓰고 있다.

　그 다음 반탁음(半 濁音, 한다꾸온 ハンダクォン)은 하 ハ 행에 만 있으며, 글자 오른편 어깨에 동그라미 ° 를 붙인다. パ ピ プ ペ ポ pa pi pu pe po (빠 삐 뿌 뻬 뽀) 로 음을 낸다.

　ㅎ 음이 ㅃ(p) 음으로 강하게 변음 된다. 이것은 일본어 음의 독특성이다.

　훈민정음의 여린 음 빈소리 동그라미 ㅇ는 영어의 빈소리 'h' 나 일본어 문자 오른 쪽 어깨에 두 점에 비교 된다고 볼 수 있다. 그리고 히브리어의 점이 없는 베트 ב와 비교 된다.

비교 :
훈민정음 ㅸ (V) , ㅂ (b)
영어 bh , b
일본어 ガ (가), カ (카, 까)
히브리어 ב bh, ב (b)

　영어의 h음은 빈 소리로서 동그라미 ㅇ이지, 한글의 히읗 같은 후음 'ㅎ'이 아니다. 이는 영어 ham을 'am으로 읽고, 불어 L'homme를 'omme 의 첫 음 H를 빼고 읽는데서 h의 무음(無音)을 말해 준다.

　외래어 표기법을 위해 일본어는 이미 가다가나 문체와 탁음(濁

音, 약음 표기 어깨점 ˇ)과 반탁음(어깨점 °, '하'의 '빠' 음으로 변음)을 강음표기로 삼고 있다.

이런 음가표기는 나라마다 있고, 그의 특징이 있다고 본다. 최근 한글과 훈민정음을 살려서 외래어를 정확하게 표기하자는 제안들이 쏟아져 나오고 있다. 이는 세계가 지구촌화 되면서 하루가 멀다 하고 외국어가 매스컴을 통해 들어오며, 경제와 문화의 교류가 매우 빈번하고, 경쟁적으로 서로 왕래하는 동안 외국어가 어느새 외래어가 되어 자국어처럼 쓰고 있는 현상으로 나타나고 있다

외래어 표기를 위한 3문자형(文字形)
(ㅸ 연서(連書), ㅍㅎ 합용병서(竝書), ㆆ 가획서(加劃書))

필자는 위에서 외래어를 위한 적합한 문자형에 대해서 비교적 상세하게 예를 들어 설명하고자 노력하였다. 지금까지 통용(通用)되는 글자를 존중하면서, 음가(音價)와 관련을 유지하는 구강상형의 자음의 자형(字形)을 관심 있게 다루었다. 그런데 세계 여러 문자들이 외래어 표기를 위해 내놓은 글자들은 기존의 문자 위아래에 가획(加劃)을 한 것이 공통적인 사실이라는 것이다. 그리고 연서나 합용 병서라 해도 장애가 안 되는 음가를 과학적으로 연결하고 있다는 점이다. 그래서 논자(論者)는 훈민정음, 로마자, 일본어와 히브리어 자음들을 중심해서 외래어 표기를 위한 변형(變形), 변음(變音)된 글자들의 사례를 열거하여, 외래어 표기를 위한 유용(有用)한 문자를 제시하려고 한다.

외래어 표기 문자의 가획부호들(加劃符號)들
(감획 표기와 ㅍㅎ 합용병서의 부당성)

한글의 원래 문자 훈민정음은 외래어와 한어표기를 위해 연서(連書) ㅱ ㅸ ㅹ ㆄ을 따로 만들었다. 기존의 자음 ㅁ ㅂ ㅃ ㅍ ㄹ 아래에 '연음소' 빈소리 ㅇ을 가획하였다.

치음(齒音) ㅅ밑변 가획자 ㅿ(여린 시옷)은 ㅅ-ㅈ사이 음이 되어 ㅅ 보다 진하고, ㅈ 보다 여린 치음으로 쓰였다(영어 s와 z사이 음).

아음(牙音) ㆁ 꼭지 이응(옛 이응)은 ㅇ 위에 수직 점을 가획한 자음이요, 이응 ㅇ보다 진한 음이며, 음가는 로마자 y, 독일어 j, 히브리어 요드 ׳에 해당한다.

후음 ㆆ 된 이응은 ㅇ 위에 수평(가로) 점을 가획한 자음이며, 이응 ㅇ보다 깊은 목구멍소리를 낸다. 로마자에는 그에 맞는 음이 없어 따로 등 돌린 콤마 '를 만들었다. 히브리어 후음 자음 '아인' ע이 ㆆ에 해당 한다.

우리는 지금까지 연서 ㅸ, 가획자 ㅿ(ㅅ), ㆁ(ㅇ), ㆆ(ㅇ) 4 개의 훈민정음의 자음을 보았다.

일본어는 외래어 표기를 위해 카타까나(カタカナ) 자형을 쓰면서, 고유 일본어에 없던 두 가지 기획부호들 즉 각 문자 오른쪽 어깨에 두 점 ガ과 한 개의 동그라미 パ를 가획하고 있다. 가획자 ガ는 두 점으로 원래의 カ의 음을 약하게 만들었고, ポ는 오른 쪽 어깨에 작은 동그라미˚ 로 원래의 ホ(호)를 변음 시켜 '보'로 음을 낸다. 즉 '후음을 순음'으로 바꾸어 읽는다.

로마자는 외래어 표기를 위해 거센 자음 아래 점 ̣ , 여린 약음 아래 수평(가로) 막대기 _ , 치두음(齒頭音) 위에 ́ 표기(Ś), 정치음(正齒音) 위에 ∨ (Š) 표기를 한다. 예를 들면 아래와 같다.

    H의 거센 음은 Ḥ   히브리어 ח 와 ה
    B의 약음은 Ḇ   히브리어 베트 ב 와 בּ
    S의 치두음 Ś   히브리어 신 שׂ
    S의 정치음 Š   히브리어 쉰 שׁ

가획자 동그라미 ㅇ는 훈민정음 ㅸ과 일본어 ポ에 약음 또는 변음으로 표기된다.

가획자 - 수평(가로) 막대기는 훈민정음 ㆆ ㅿ에 가획되어 있으며, 로마자/라틴어 약음 음가 B D에 표기되었다.

그러므로 음가의 거센 음(强音), 부드러운 음(軟音) 또는 변음(變音)들은 공통적으로 가획 표기를 가지는 데 일치하고 있음을 관찰할 수 있다. 따라서 감획 표기 즉 ㅂ을 u 로, ㅍ을 ㅗ로 한 획을 줄여서 약음을 표기한다는 발상(發想)은 음가표기 원칙에서 어긋난 것으로 판명된다.

그 다음 ㅸ을 ㅂㅎ로, 퐁을 ㅍㅎ로 합용병서 하는 현상도 있다. 음가적으로 ㅂ은 순음이고 ㅎ은 후음(목구멍소리)이다. 입술로 ㅂ음을 내면서 동시에 목구멍소리 ㅎ을 내면, 브흐가 되는 것이지, ㅂ가 부드럽게 ㅸ소리를 내지 못한다. ㅸ은 입술을 붙일까 말까 하는 것인데, 목구멍까지 끌고 들어 갈 새가 있겠는가 말이다. 그렇게 하면 한 음절이 두 음절로 벌어질 뿐이다. 영어로 b의 약음은 bh로 표기된다. 그러나 영어 h는 원래 빈 소리 무음(無音)이라 한글 ㅎ 후음과 음가가 다르다. 이런 h의 무음은 불어 Henry를 Enry '앙리'로 발음하는 데서 잘 나타난다. 고로 영어 약음 표기 bh에서 h는 한글 동그라미 ㅇ에 일치하는 음가임을 알게 된다.

외래어 표기를 위한 ㅸ 연서(連書)와 가획자
(ㅸ ㆄ ㆁ ㆆ ㅿ의 활용)

로마자를 사용하는 유럽과 영미 세계는 단어 옆에 발음기호를 사용한다. 발음 기호의 문자는 일반 알파벳과 글자 모양이 다르다. 그리고 모음의 장단(長短) 표기(장모음 : 표기)도 가지고 있다. 그 외에 서구진영은 동양의 고유지명에는 추가로 여러 기호를 확장해서 쓰고 있다. 예 자음 위에 ∧∨ 표기들이다.

일본어는 히라가나와 가다카나 두 가지 글자체를 가지고, 외래어 표기를 위해 가다가나와 약음 표기(오른쪽 어깨 위 두 점), 변음 표기(하행 ハ 에 パ를 만듦)그리고 장모음 표기 ― 를 사용한다. 이제 와서 우리는 외래어표기를 위해 한글 훈민정음의 연서들과 가획자들을 발음 기호로 쓰거나, 또는 그것들을 한글 24자 옆

에 독립적인 추가 글자로 병렬하기도 쉽지는 않다. 그래도 언젠가는 외래어 표기를 위해 발음기호나 가타카나는 아니더라도, 쏟아져 들어오는 외국어의 외래어 현상 앞에서 각종 외래어 정보문, 컴퓨터, 간판, 전문 학술 용어, 매스컴의 제목들 표기를 위해서 로마자 대신 로마자 음가에 일치하는 우리글을 활용할 날이 올 것이다. 그래야 세계 도처 동남아 각지에서 오는 이들에게 우리말로 로마자나 중국어를 대체하는 한글의 과학성과 미학성(美學性)을 받아들여, 국외 국내 정보와 매스컴 내용을 정확한 음으로 옮겨주는 역할을 할 수 있다고 본다. 현재 우리가 로마자로 각종 언어 표기를 읽듯이 말이다. 따라서 우리 현재 한글 옆에 훈민정음 연서 ㅸ ㆄ 과 가획자 ㆁ ㆆ ㅿ을 추가하여 외래어 또는 로마자를 대신해서 활용하자는 안(案)을 제시한다.

2. 여린 비읍(ㅸ/ㅸ) 제자원리와 영어 발음

서설

훈민정음의 'ㅸ' 여린 양순음은 자음 ㅂ아래 이응 'ㅇ' 연음소(軟音素)로 'ㅂ'이 영어 'w'음으로 변한다(음운추이(音韻推移). 순음(脣音)으로 위아래 입술을 닿을락 말락하게 여린(부드러운) 양 입술소리를 낸다. 세종대왕께서 기호 지방의 말씨 '더워'를 영호남 지방의 말씨 '더붜/더버'를 '더ᄫᅥ'로 하여 '더워'와 '더버'의 유동성을 살려 낸 것 같다. 즉 표준어와 함께 지방 사투리 속에 있는 민속적인 음가를 존중한 것 같다, '더버'라고 분명하게 하지 말고 '더워'에 가까운 '더버'라 일러주면서 '더ᄫᅥ' 라는 음가의 음리(音理)를 창안한 것 같다.

지금도 우리가 서구 독일이나 러시아에 가 보면 '워싱톤'을 '버(붜)싱톤'으로 발음하는 것을 듣는다. 우리말 한글의 'ㅂ'(b)인지 'ㅸ'(w)인지 유동적으로 들린다.

'뼝'은 우리 말 사전(엣센스 국어사전)과 유창돈, 『이조어 사전(李朝語 辭典)』에 없다. 그러므로 우리 한글 음가로 발음을 할 수가 없다. '뼝'은 어디에 있는 이체자인가? 이는 훈민정음 23자모 체계가 중국의 36자모 체계를 바탕으로 만들어진 데에 있다.[21] 뼝 음가는 한자 봉(奉)이며, 로마자로 'v'에 해당한다. 'b'(ㅂ)가 아니라 'v' 라는 데 문제가 생긴다. 한글의 순음이나 양 순음이 아니다,

---

[21] 조규태, 『번역하고 풀이한 훈민정음』, 97쪽 각주, 144, 151쪽, 집운(集韻) 오운 각 치 우 상 궁 참조

국어 발음이 아니다. 그래서 현재 국어 학자나 교사들은 'ㅸ'과 함께 'ㅹ'의 음을 우리 한글 음이 아니라고 배척하는 반면, 한글 확장, 새 한글을 연구하는 이들조차 'ㅸ'을 'v'으로 쓰며, 'v'의 음가인 'ㅹ'의 음가는 제시하지 않고 있다. 원래 'ㅸ'은 '웨'(v - w 사이음)라면, ㅸ을 'v'으로 쓰는 것은 ㅹ(v)과 혼용하는 잘못된 관행이 아닐까?

'ㆄ'은 우리 말 사전에 나온다.[22] "옛 ㅍ 소리를 내면서 입술을 조금 덜 닫고 내는 소리"라고 한다. 이는 중국 한자어의 '夫'(푸)에 가깝다. 순음 또는 경순음(輕脣音)에 해당한다. 그런데 집운 36자모 체계에는 'ㆄ'이 '부'(敷, 영어 'f' 즉 로마자 'f' 음가로 표기된다. 이는 여린 연음(軟音) 입술을 덜 닫은 순음과 다르며, 웃니로 아래 입술을 물고 얼른 떼는 치순음(齒脣音)에 해당한다. 그러므로 우리 말 사전의 설명은 집운 36자모 체계의 'f' 음(音)과는 거리가 있다.

'ㅱ' 은 ㅁ소리를 내며 입술을 조금 덜 닫고 내는 소리이지만, 우리말에 쓰임이 종성(받침)으로 쓰인다. 입시울 가벼운 소리이다.[23] 이는 36자모 체계의 '微'(w)와 어느 정도 가깝다. ㅱ은 중국어 '락'(落, law)이나 히브리어 인칭 어미(그의) '아우' 'ו'(aw, 그의)로 쓸 수 있다.

'ᄛ'은 '가벼운 리을'이며, 구강상형(口腔象形)의 두 부위가 접촉하는 반 설경음이지만, 실례는 없다고 한다.[24] 혀를 윗잇몸에 잠깐 대어 내는 반 설경음이다. 이는 ㅱ(aw), ㅸ(w), ㆄ(ㅍ-ㅎ)의 구강 한 부위들의 마찰과 다르게, 여린 순음들과 다르게 혀를 윗잇몸에 대서 소리를 내는 독특한 두 부위 구강 상형 반 설 경음의 음가를 주목해 볼 필요가 있다. 마치 영어나 독일어 'R' 또는 히브리어 'ר'(레쉬)를 'Hr'(Ronald를 '호나우드'로 발음함)로 부르는

---

[22] 『엣센스 국어사전』, 2440쪽 참조
[23] 『엣센스 국어사전』, 874쪽, 유창돈, 『이조어 사전』, 349쪽 참조
[24] 『엣센스 국어사전』, 705쪽, 유창돈, 『이조어 사전』, 265쪽 참조

것과 비교 된다.

 따라서 'ㆆ'은 우리말에 실례는 없어도 두개의 구강상형 자음의 대표 음운으로서 문제가 되는 ㅸ(v)과 ㆄ(f)으로 하여금 집운 36자모체계에 맞추어 무리 없이 ㅸ의 제자 원리를 적용한 한글의 외래어 음가를 활용하는 길을 열 수 있게 한다.

 치순음 v (victory) 와 f (form)

 정리하면, 훈민정음 28자모(사라진 자모 ㅿ ㆆ ㆁ 아래아 ㆍ)와 이체자들 ㆅ ㅱ ㅸ ㆄ과 집운 36 자모 체계에 근거해서 우리말에 없는 음가들 ㅸ 은 윗니로 아랫입술을 가볍게 물고 떼어 내는 '여린 치순음'인 영어의 v로 읽을 수 있다, 즉 한글 ㅂ는 ㅸ에서 '웨'(W)로, ㅃ은 ㅸ에서 로마자 v음을 낸다. 이런 두개 부위의 구강상형 음가는 'ㆆ'과 같은 음운 체계이다. 그 다음 'ㆄ'은 한글이나 중국어나 여린 순음으로 설명되지만, 집운 36자모 체계는 그의 음가를 로마자 'f', 즉 윗니로 아랫입술을 물고 세게 터뜨려 내는 '거친 치순 음'이다.

 치설음 ð th (father)와 Θ th (thank)

 위에서 우리는 로마자 여린 치순음 v 와 거친 치순음 f를 즉 ㅸ은 v로, ㆄ은 f로 음운 추이과정을 집운(集韻) 자모 36개의 체계로 논증하고, 그의 합법성을 찾아냈다. 그러나 여전히 로마자 th음이 문제로 남아 있다. 이에 대해서는 20세기 초, 김두봉 어문학자가 우리말에 영어 th음이 있어야 한다고 지적한 바가 있다. 그 후 어떤 구체적인 실례가 없었지만, 필자가 ㅸ 제자 원리에 근거해서 ㅂ 아래 이응 'ㅇ'이 연음소로 상위 자음을 연음(軟音)이 되게 하는 원리를 확대적용해서 한글 치음 ㄷ과 ㅌ아래 이응을 연서(連書)하여 ㄷ̊을 여린 치설음 th/ð 로, ㅌ̊을 센(거친) 치설음 th/θ로 새롭게 제자(制字)하였다. 이에 대해서는 "훈민정흠의 세계문자화"에서는[25] ㄷ 아래 이응 ㅇ, ㅌ 아래 이응을 표기했지만, 그 후 바로 ㅸ 제자를 수정하여 ㅂ 상위 중앙에 이응 연서로 자음 모형을 고쳤다.

이는 ㅂ 아래 ㅇ인 ㅸ이 중성 모음(부), 종성 모음(블)과 너무 간격 없이 불안한 탑 모양이나 시루 떡 모양으로 비추기 때문이다. 그래서 필자는 ㅸ의 이응 'ㅇ'을 ㅇ 자음 위에 ㅗ가 붙어서 'ㆆ'이 되는 자형(字形)을 적용해서 ㅸ의 이응 ㅇ을 ㅂ 상위 중앙에 올렸다(ᅌᄇ). 그러면 더 이상 ㅂ 아래 이응 'ㅇ'이 문자의 중성이나 종성과 모양이 옹색하게 될 필요가 없고, 균형 있게 연음 자음이 된다.

아래에 두 가지 사례를 도표로 제시한다:

훈민정음		ᅌᆮ		ᄝ	ㅸ		ㆄ	
세계정음	ᅌᆮ(ꞇ)			ᅌᆸ(w)	ᄤ(v)	ㆄ(f)	ᅌᆮ(θ)

마지막으로 한글 ㄱ ㄷ ㅂ ㅋ ㅍ ㅌ 6 자음 상위에 이응 ㅇ을 연서(連書)하여 우리 한글에 없는 발음을 확대하여 영어 발음을 만들어 쓴다. 이는 크게 ㅸ 제자원리를 활용한 음운이요, 한글영어로 쓸 수 있는 세계적인 음운이라 하겠다.

ᅌᆨ (Ç Koenig), ᅌᆮ (ꞇ the) , ㅸ (w Wagner), ᅌᆿ (χ charisma), ㆄ(f family), ᅌᇀ (θ thank)은 한글에 없지만, 로마자의 연음(軟音, 사이음)과 일치하는 훌륭한 연음 자음들이다.

---

[25] 방석종, 훈민정흠의 세계문자화, 2008년, 76-77쪽.

3. 여린 비읍(ᄫ/ㅸ)과 일본어 탁음 비교

 훈민정음의 아종(亞種)인 한글 단자음(ㄱ ㄷ)과 겹자음(ㄲ ㄸ) 외(外)에 세계문자(世界文字)인 훈민정음의 연음자음(軟音子音 ㅸ)은 외래어 음가표기를 위한 필수자음(必須 子音)이다.
 여린 ㅸ의 제자원리는 ᅘ ㅱ ㅸ ㆄ 이고, 일관되게 사이음 연음(軟音)이 되어 로마자(영어)의 hr(ㅎ) 목젖 떠는 소리 = ᅘ, aw = ㅱ 소운자(ㆍ), v-w 사이음 = ㅸ, f/ph = ㆄ, ㄲ = ᄃ̊, θ = ᄐ̊이 있으며, 추가해서 히브리어 자인 ז = ㅿ (ㅅ-ㅈ 사이음)은 영어의 ds(Birds)에 해당한다.
 일본어에서 탁음은 가 が 사 ざ 다 だ 하 ば 행이 있지만, 이는 글자에 따라 조금씩 다른 음가를 나타낸다. 가 が는 ㄱ(gh 유기유성음)에 가깝다.
 사 < 사 ざ 는 ㅅ-ㅈ 사이 음이고, 다 だ 는 ㄷ 과 같다. 하 ば 는 ㅂ 과 같다.
 그리고 반탁음(半濁音)은 하 は 행 오른 쪽 위에 ˚이 붙고, 이는 ㅍ 이고, 음절 중간이나 말미에서 ㅃ 에 가깝다.
 위에서 보면 이런 탁음과 반탁음은 청음(淸音)あいうえおかきくけこさしすせそたちつてとなにぬねのはひふへほまみむめもやゆよらりるれろわゐをん 46개음절 문자 외에 5가지 음들 곧 ㄱ ㅿ(ㅈ) ㄷ ㅂ ㅍ(ㅃ) 음들이 있다. 그래도 일본어 음절문자들은 로마자 Ç θ v f 과 ɔ 아래아 ㆍ 가 결핍되었다. 그리고 ᅘ, ㅱ(소운자 ㆍ)가 없다.
 주목할 것은 우리의 ㅸ 원리는 우리말에 없는 외래어 음가 표기를 위해 인위적으로 창안되었지만, 일본어는 자음의 기본음 가

운데 있어야 할 보충 음절 자음들이다. 이런 が(가), だ(다), ば(바), ぱ (파/빠)는 우리의 ㅸ 여린 비읍의 연음소(軟音素)와는 다른 탁음/반탁음 부호이다. 즉 처음 기본 음절 자음에 있어야 할 것을 나중에 추가해서 보충한 제2의 음절 자음 부호이다. 이런 제2의 음절 자음 부호가 있음에도, 일본어는 여전히 로마자의 hr, aw, v-w 사이음, f/ph, ㆀ/θ의 음가를 준비하지 못하였다. 그와 다르게 훈민정음에는 외래어 음가표기를 위해서 세종대왕은 ㅸ 제자원리에 근거한 ㆆ ㅱ ㅸ ㅹ ㆄ 이체자와 고유의 반모음 아래아 ㆍ(으어, ə)를 만들어 외래어 음가를 위한 완벽한 자음들을 창안하여 놓았다.

일본어 문자 정리:

1) 일본어는 음절 문자 자음과 모음을 덩어리로 읽음
   예. あ (아), か (가)

2) 발음 종류
   (1) 청음(淸音, 세이온) あ...を ん 46 개의 강한 음절 문자; 한글에서 정상/된 소리
   (2) 탁음(濁音, 다구온) が ㄱ 행, ぎ ㅿ 행, だ ㄷ 행, ば ㅂ 행; 한글에서 부드러운, 여린 소리(軟音, 예. ㆆ ㅱ ㅸ ㆄ)
   (3) 반탁음(半濁音, 한다구온) ぱ ㅍ 행, ぴ ㅍ 행; 한글에서 강한 센 소리(ㅍ, ㅃ)
   (4) 요음 (拗音, 요온) きゃ 갸- きゅ 규- きよ 교-
   (5) 촉음 (足音 조구온) がっこう (gakko-) 학교
   (6) 발음 (撥音 하즈온 ん), かんぱい (kampai) 건배
   (7) 장음 (長音 지요-온 あ いうえお) おかあさん 오까-상, おにいさん 오니-상, すうじ 수-ㅅㅣ, おねえさん 오네-상, とおい 도-이

일본어에서 탁음과 반탁음은 기초 자음의 보충 추가인 반면, 한글(훈민정음)에서는 연음(軟音)은 외래어 표기를 위해서 인위적

으로 창안한 여린 음의 발음들이다. 그러므로 일본어의 탁음(濁音)과 반탁음(半濁音)은 청음(淸音)에 있어야 할 기본적인 음을 후기에 추가하여 사용하는 일본어 음절자음일 뿐이다. 훈민정음의 연음이 외래어 표기를 위한 음가인 반면, 일본어의 탁음과 반탁음은 청음의 보충 음절자음이다. 이런 면에서 훈민정음의 연음 사잇소리는 한 걸음 앞선 외래어 표기인 동시에, 세계문자(로마자, 히브리어 자음)이다. 우리가 이제라도 창제 당시 훈민정음을 쓴다면, 그는 '한글의 세계화'가 아니라, 세계문자인 한글을 찾는 것이다. 로마자 F V Th(ㄱ) θ)는 훈민정음 연음(예 ㅸ ㆄ ᄃ̇ ᄐ̇)이요, 그리스-로마자의 악센트 Ā À Â/Ã À 는 우리의 평 상 거 입 (활, 돌, 칼, 붇/붓)의 악센트 기호와 공통적인 기호가 되기도 한다.

종합정리

훈민정음은 ㅿ ㆁ ㆆ ㆍ 3자음과 1반모음과 ㅸ 제자원리에 근거한 ᅘ(hr) ㅱ(aw) ㅸ(v-w사이음) ㆄ(f) 그리고 추가로 ᄃ̇(ㄱ) ᄐ̇(θ)으로 전적으로 외래어 음가표기를 가지고 있으며, 이는 일본어의 탁음(゛)과 반탁음(゜)이 청음(淸音)의 음절 자음으로 보충된 데 비할 뿐 외래어 음가표기와는 무관한 것이라면, 훈민정음의 연음 자음들은 정상 자음 17자 옆에서 외래어 음가표기를 위한 '외국적인 음소들'(foreign phoneme)인 동시에 세계문자이다.

이런 외래어 음가의 음절(音節)은 악센트 표기를 위해 우리의 4성을 통해의 평 상 거 입을 대입(代入)하여 쓸 수 있으며, 이런 연음들과 평 상 거 입이 외래어음역(外來語音譯)의 기본적인 요소들이 된다. 그리고 연음(軟音)이 없으며, 평 상 입의 악센트가 없는 현행 '한글 24 자'는 훈민정음의 아종(亞種)으로서 세계문자의 품격을 상실한 문자에 속한다.

세계문자 훈민정음
ㄱ ㄴ ㄷ ㄹ ㆁ ㅁ ㅱ ㅂ ㅸ ㅅ ㅿ ㅇ ㆁ ㆆ ㅈ ㅊ ㅋ ㅌ ㅍ ㆄ ㅎ

훈민정음 아종 한글
ㄱ ㄴ ㄷ ㄹ   ㅁ   ㅂ   ㅅ   ㅇ   ㅈ ㅊ ㅋ ㅌ ㅍ   ㅎ

　세종 대왕 당시 훈민정음은 자음만 21자였지만, ㆆ과 ㅌ연음을 추가하면, 자음은 총23자음이 되고, 이는 히브리어 자음 23자와 맞먹는다. 그러나 훈민정음 아종 현행 한글은 자음이 14자에 그친다. 세계문자 자음 23개에 비하면, 9개가 적다. 따라서 14개 자음은 순 우리말 한글에 국한된 발음만 가능하고, 세계문자 자음 21-23자음의 발음은 불가능하다. 이런 불가능한 발음을 가능하게 하려면, 본래 세계문자인 훈민정음으로 돌아가야 한다.

4. ㅸ의 미가법과 그의 상위 미가법

　훈민정음에서 제자원리의 기본 글자는 초성자 상형(象形) ㄱ牙音 ㄴ舌音 ㅁ脣音 ㅅ齒音 ㅇ喉音 5자음(子音)이 있으며, 그는 제자원리에 따라서 가획된 9개의 자음들 즉 ㄱ에 가획한 ㅋ, ㄴ에 가획한 ㄷ ㅌ, ㅁ에 가획한 ㅂ, ㅍ, ㅅ에 가획한 ㅈ, ㅊ (ㅿ), ㅇ에 가획한 ㆆ, ㅎ (ㆁ)이 있다. 괄호에 넣어진 ㅿ과 ㆁ은 사라진 자음에 해당한다. 그 옆에 연서(連書) ㆅ ㅱ ㅸ ㅹ ㆄ 5자가 있지만, 이는 현재 폐기된 자음에 해당한다. 그럼에도 이런 연서(連書) 이체자(異體字)들이 다시 거론될 필요에 의해서 필자는 중요하게 다루려고 한다.

　연서 이체 자들은 훈민정음에서 가획(加劃)이라 하여 이응의 1/2 크기의 연음소 'ㅇ'을 아래에 붙인 자음(子音)에 해당한다. 연서(連書)는 아래 위에 다른 글자를 합쳐서 부르는 것이다.[26] 그러나 훈민정음에서는 상하로 동일한 글자를 중첩시키는 방법은 취하지 않았다고 한다. 여기서 유의해서 새롭게 볼 수 있다면, 같은 자음을 상하로 중첩은 시키지 않았어도, 각기 다른 자음을 아래 위에 합친 연서(連書)의 제자(制字) 원리를 'ㅸ'에서 보게 된다.

　합용병서는 각기 다른 자음들이 가로 형으로 병렬된 자음을 일컫는다면, 그리고 두개의 다른 초성자음들을 구강상형(口腔象形)의 2개의 부위(部位)로 접하여 내는 소리라면(예, 넓다 설순(舌脣), 삯 아치(牙齒)음), 연서(連書)는 합용병서와는 다르게 연음소(軟音素) 이응 'ㅇ'을 ㅂ ㅍ 아래 붙여서 ㅇ 위에 자음의 음가를 약하게 또

---

[26] 이에 대해서 홍윤표, "훈민정음에 대한 몇 가지 주장", 23쪽; "훈민정음과 오늘", 2-29쪽, 특히 23-26쪽 참조

는 부드럽게 하는 몫을 한다. 합용병서가 다른 자음을 가로로 병렬한다면, 연서는 이응 연음소 이응 'ㅇ'만을 음가의 약화(弱化)를 목적한 '세로형의 연서'가 된다.

 한 가지 고마운 것은 "연서는 상하(아래 위)로 다른 글자를 합친 것이 연서(連書)라고 한 것이다"라는 원칙이다.[27] 이런 원리에 따른 예를 먼저 보자. 위에서 제시한대로 ㄴ 에 ㅡ를 가획하면 ㄷ 이 되고, ㅁ에 양쪽 좌우위에 ㅡ을 가획하면, ㅂ 이 되는 원리이다. 그리고 ㅅ 위에 ㅡ을 가획하면, ㅈ이 되며, ㅈ에 ㅡ를 가획하면, ㅊ 이 되는 원리이다. 이런 경우 본래 ㅡ 가 1/2로 줄여져서 가획이 된다. 그렇다고 1/2로 짧아진 ㅡ는 세로 선이지, '꼭지점'은 아니다. 잘못하면, 가획(加劃)된 세로 선(ㅊ)을 "꼭지점"의 '점(點)으로 보기 쉽지만, 이는 '가점'이 아니라 '가획'이어야 한다. 원래 '점'(·)은 획(畫)과 다르다. 그러나 '점'이 글자에 가(加)해지면, 점(點)이 아니라, 글자의 획수(劃數)로 더해지는 것이다. 이런 의미에서 연서의 이응 'ㅇ'은 1/2로 축소된 다해도, 그것은 꼭짓점이 아니라, 세로형의 '가획'(加劃)이다. 이는 "훈민정음의 제자 방법과 전서(篆書)의 구성 방법"에서 전서(篆書)의 미가감법(微加減法) 중에서 '미가법'(微加法)에 기인한다고 한다(이에 대해서 홍윤표, 상게서, 25쪽 참조). 미가감법은 선의 길이가 작은 것은 늘이고, 긴 것은 줄이는 것을 말한다. 이런 원리에 따라 우리는 '세로선'만이 아니라, '세로 ㅇ'도 미가감법에 의해서 가획된 ㅸ 퐁을 볼 수 있겠다. 차이가 있다면, '세로선'을 가진 글자는 '변형글자'(ㄴ + ㅡ = ㄷ), '강음글자'(ㄷ + ㅡ =ㅌ)라면, '세로 글자 ㅇ'은 천음(天音) ㅇ이 연음소(軟音素)가 되어 상위(上位)자음 ㅂ을 약하게 하는 구실을 하는 데 있다.

---

[27] 홍윤표, 상게서, 23쪽

이런 원리를 응용하여 필자는 폐색음(閉塞音) ㄱ ㄷ ㅂ ㅋ ㅌ ㅍ 6자음에 한정하여 미가법(微加法)을 적용하여서 가획(加劃)된 연서(連書)인 연음자음(軟音子音)을 새롭게 설정한다. 그 이유와 목적은 무엇인가? 현행 한글 자음 14자에 유기유성음(有氣有聲音)이 없어서 외래어 및 외국어 음가표기가 어려우니, 그 대신 훈민정음 (1443-1446년)의 자음 17개(현행 자음 14 외에 ㅿ ㆆ ㆁ ; 아래아 ㆍ '으어' 음 제외)를 살려서 외국어 음가표기를 하는 데 쓰는 것은 물론 이체자 ㆆ ㅁ ㅸ ㅹ ㆄ을 찾아서 연음/사이음(유기 유성음)을 가지고 외국어 음가 표기에 등가적(等價的)인 가치를 찾아서, 문화적으로 훈민정음의 세계문자의 위상을 회복하자는 데 있다.

　　서울대학교 안에 규장각(奎章閣) 서고에도 이미 이런 조선조 후기에 이체자로 산스크리트어와 중국의 한자어를 음사/음역(音譯)한 "결수 정음 본"(結手 正音 本)이 좋은 본보기가 된다. 특히 ᅌᅳ은 여린 아음으로서 영어의 ç로, ᄃᅌ은 여린 치설 음 ð/ƞ 로, ㅸ/ ᄇᅌ은 v-w 여린 치순음으로, ᄀᅌ은 센후음(喉音)인 χ로, ᄐᅌ은 센 치설음 θ 로, ㆄ / ᄑᅌ은 센 치순음으로 영어음가를 발음 표기할 수 있겠다.

　　필자는 훈민정음의 기존의 사이 음 ㆆ ㅁ ㅸ ㅹ ㆄ 외에 ᄀᅌ, ᄃᅌ, ᄀᅌ, ᄐᅌ 4개의 연음(軟音)을 전서(篆書)의 미가감법 중에 미가법(微加 法)을 적용해서 ㄱ ㄷ ㅂ ㅋ ㅌ ㅍ 상위에 1/2크기로 작게 한 이응 'ㅇ'을 가획한 6개의 연음들을 수정된 연음으로 제안 한다. 즉 기존의 ㅸ ㆄ의 미가 법을 '상위 미가법'(上位 微加法)이라 칭 하면서 ᄀᅌ ᄃᅌ ᄇᅌ ᄀᅌ ᄐᅌ ᄑᅌ 위 중앙에 연음소 'ㅇ'을 1/2로 작게 해서 가획(加劃)하였다. 그런 이유는 무엇인가? 3가지이다.

　　1) ㅸ 아래 중성 모음 ㅗ ㅜ 가 있으면, ㅸ 이 ㅗ ㅜ 모음과 시각적으로 불안정하고, 튀어 올라서 미학적(美學的)으로 불균형을 이룬다(예 셔불).

2) ㅸ이 중성 모음 아래 종성/받침과의 사이가 어색하고 답답하게 보인다(예. 팍,팔). 이런 불안정함과 미학적인 불균형은 ㅂ 상위에 ㅇ을 가획하여 안정감과 균형 잡힌 문자의 형태를 보인다.

3) 연음소 ㅇ의 1/2크기는 가점(加點)이 아니라, 가획(加劃)을 나타낸다.

5. 연음의 외국어 표기의 사례들

ㄱ 연음(軟音, 사잇소리)은 영어 gh(유기 유성음)에 해당한다. 그의 실례는 아래와 같다

    Ghana 가나 (아프리카 국명, 로마자 음역 표기)
    gharry 가리 (인도어, 역마차)
    ghaut 가웉 (인도, 강가의 층계)
    ghazi 가지 (인도, 회교도의 전사)

ㄷ 표기 연음(軟音)은 영어 dh(유기 유성음)에 해당한다. 그의 실례는 아래와 같다.

    Dharma 다르마 (힌두교, 계율)
    dhobi 도비 (인도, 세탁부(夫))
    dhoti 도티 (인도, 허리에 두르는 천)
    dhow 도우 (아라비아, 연안 항해 용 범선)

우리말 ㄷ은 영어의 부드러운(약한) ㄲ발음에도 해당 한다. 아래서 언급할 ㅎ에서 설명된다. ㄷ 연음은 산스크리트어의 유기 유성음(gh,dh,bh 등)에서 비롯되어 일본어 카타가나의 탁음(오른편 어깨 점획에 영향을 주었다. 예로, か ga, が gha으로 표기 되며, 히브리어의 6연음 자음 베가드케파트(ㄹ bh, ㄹ gh, ㄱ dh, ㄱ kh, ㅁ ph, ㄲ th)에도 표기 되었다. 다만 현행 한글에만 이런 유기유성음 즉 여린(약한) 자음 표기가 빠져 있다. 그러나 15세기 훈민정음에

는 외국어 번역을 위한 표기로 이체자(異體字)들이 쓰였다. 월인천강지곡과 석보상절에 그런 문자들이 사용 되었었다. 예. 여린 비읍 ㅸ(v/w), 소운자 ㆁ(aw), 여린 피읖 ㆄ(f/ph)이 그 대표적인 예가 된다. 그러나 처음부터 있던 연음 시옷 ㅿ, 옛이응 ㆁ, 꼭지 없는 히읗 ㆆ 그리고 아래 아 원설음(原舌音) ㆍ 은 다시 살려야 한다.

ㅂ̇ 연음(軟音)은 영어 bh, v (유기 유성음)또는 독일어, 로서아 어 w에 해당 한다. 그의 실례는 아래와 같다.

bhang 방̇ (인도, 대마(大麻))
Venice 뻬̇니스 (이태리 도시명)
Washington 둬̇싱톤 (워싱톤, (로서아 어)버̇싱톤)
Wagner 봐̇그너 (영어, 와그너, 독일어 봐̇그너)
very 뻬̇리
velvet 뻴̇벳̇

ㄱ̇ 연음(軟音)은 영어 kh(유기 유성음)에 해당 한다. 그의 실례는 아래와 같다.

Khamsin 캄̇신 (캄신 이집트에서 부는 열풍)
Khan 칸̇ (대상(隊商)의 숙사)
Khi 키̇ (그리스어 χ, 로마자 ch에 해당 함)
khud 쿧̇ (인도, 산허리의 급경사)
Khursch-chev 쿠̇르시쵸프 (소련 수상 후르시쵸프, 1894-1971)

ㅍ̇ 연음(軟音)은 영어 f/ph(유기 유성음) 에 해당한다. 그의 실례는 아래와 같다.

father 파더
family 패밀리
fine 파인
fork 포크
photo 포토
phone 폰
pharmacy 파마시
pharaoh 파라오
pharisee 패리시
phenicia (고대 도시 국가) 페니키아
phoenix 피닉스
phenol(석탄산) 페놀

ㅌ 연음(軟音)은 영어 th(약한 ð 발음과 거친(센) θ 발음이 있다)에 해당한다. 그의 실례는 아래와 같다.

ð
father(fɑ:ðər) 파더
the(ðə) 더
that(ðæt) 댓

θ
theory(θiəri) 티어리
theater(θi:ətər) 티어터
thank(θægk) 탱크

정리

영어나 서구 언어와 단어는 로마자 알파벳을 넘겨받았지만, 발음 기호를 따로 두어서 어휘의 음가를 표기한다. 그 중에 치순음(齒脣音, 여린 치순음 V와 거친 치순음 F)과 치설음(齒舌音)은 훈민정음과 한글 음가에는 없는 조합된 음가 즉 두개의 구강부위가 접하거나 마찰하여 소리를 내는 음가이다. 이런 음가를 연음소(軟音素) 이응 ㅇ을 자음 아래 붙여서 ㅸ ㆄ을 쓸 수는 있다. 연 음소는 음운(音韻)이 아니라, 빈 소리 맑은 소리로 위에 자음의 음을 약화(弱化)시키는 기능을 하기 때문이다. 이런 연음들을 정상자음으로 기존의 한글 속에 넣어서 병행하느냐 아니면 외국어 표기에 맞도록 발음표기로 쓰느냐 하는 것은 국민적인 또는 국어학 전문가들이 정해야 할 과제라 본다. 중국어, 일본어와 한글은 서구어처럼 발음기호가 없다는 것에는 공통점이 있겠으나, 이보 다 한 발 앞서서 일본어는 일본 본래의 말은 히라가나(ひらかな)로 표기하는 반면, 외국어는 가타가나(カタカナ)로 이중 체계를 만들어 쓰고 있다. 그러나 서구 언어는 본래의 말(글)은 로마자인 반면, 발음 기호는 상당수의 그리스어 알파벳을 쓰고 있다. 고대 로마 문자와 그리스 문자의 병서현상(竝書現像)이다.

한글을 다시 보면, 한글은 발음기호나 연음(사잇소리 F, V, Th)이 없다. 문자체계는 세계에서 가장 우수하지만, 현행 한글 24자로는 로마자는 물론 일본어 음가도 제대로 표기하지 못하는 불량한 토종(土種)으로 퇴보하였다. 국력은 커졌지만, 배꼽이 나온 저고리와 잠방이를 입은 격이다. 체모와 의관(衣冠)을 갖추려면, 국민과 국어학 전문가들이 진지하게 한글의 연음(사잇소리)을 정하여 외국어 음을 우리 글로 맞추어 부족함이 없이 자유롭게 외국어 음에 일치하는 한글을 쓰게 하며, 한글을 배우는 외국인들도 자기들의 음을 한글로 표기하여 똑같이 맞추어 쓰는 데에 있다.

6. 연음자음을 병서로 하는 것의 단점과 개선책

서설(序說)

　연음(軟音) 표기를 위한 연서(連書)와 병서(竝書) 다섯 가지 형(型, 形)

1. ㅸㅏ 형(形), 연서(連書)
2. ㅂㅇㅏ 형(形), 병서(竝書)
3. ㄱ b ּבּ (히브리어의 라틴어 음역) 자음아래 가로막대기 _ 연서
4. が (일본어) 자음 오른편 위의 탁음 ゛, 연서
5. ㅂ 자음 상위 중앙에 ㅇ 표기 ᄫㅏ, 연서

　최근에 한글 세계문자화 운동이 새한글(=한글 확장) 연구자들에 의해서 활발하게 전개되고 있다. 아직은 공식적인 대안이나 협약은 없다. 그럼에도 세계적으로 '경제영토'를 확장해 가는 대한민국 국민의 절실한 문제는 외국어, 특히 서구 언어의 발음이다. F발음(ㆄ 치순음), Th(ᅔ, ᅘ여린 치설 음(ﬞ), 센 치설 음(θ))이 우리말에 없기 때문에, 초중학생들에게 당장 문제가 된다. 영어로 발음기호를 우리말로도 표기할 수 있건만, 그런 걸 찾아 활용하는 노력이 부족한 것 같다.
　이런 발음 음가를 제대로 국민 언어와 문자로 정해서 쓰려면

'훈민정음 르네상스' 의식이 있어야 가능하다고 본다. 일련의 여린 음(예, ㅸ ㅹ ㅱ ㆄ 등)이 훈민정음 창제 당시 이미 있었지만, 우리말이 아닌 외국어 표기를 위해서 궁정 학자들이 따로 만들어서 썼기 때문에, 일반화 또는 일상화 되지못하고 수백 년을 내려오고 있다.

    그러나 20-21 세기에 들어서서 대한민국 국민들은 과거 영국 국민처럼 해가지지 않는 오대양 육대주로 나아가 경제 문화(한류, 스포츠)를 주도하고 있다. 이제는 세계화해야 영구적으로 삶의 터전이 잡힐 수밖에 없다. 한국 고유 음식도 서구로 나아가면서 그 고장 사람 입에 맞게 융합(퓨전 Fusion)될 때, 경제적인 성과를 얻는다고 한다.

    이런 맥락에서 우리말도 우리에게 있는 것만 쓰는 것이 아니라, 외국어 발음 표기가 우리 말 발음 표기로 가능 하면, 우리말로 끌어 들여서 음가 표기를 쓰면, 발음의 직접성을 얻게 된다. 이런 작업을 위해서 우리는 우리에게 좀 부담스런 여린 음들을 표기할 수 있는 기호를 훈민정음에서 찾아다가 쓰면, 문자 문화에도 획기적인 성과 뿐만 아니라, 외국인에게 한층 가까이 다가 갈수 있는 계기가 마련 될 수 있을 것이다.

    문제는 이런 국제적인 상황에 민감하게 대응하려는 한글 확장 연구자들이 현재는 어떤 통일된 공식적인 발음 표기보다는 각자의 견해를 발표하는 단계이다. 그럼에도 서로 최대 공약수를 찾아 상이(相異)함을 좁히고 있다.

    그럼에도 여린 음 표기 예를 들면 ㅸ은 그대로 'ㅸ'으로 세로로 쓰자는 안(案)과 'ㅂㅇ'으로 가로로 쓰자는 안(案)이 있다. 현행 문자와는 다른 낯선 감을 준다. ㅸ은 '부'로 튀어 오르는 형태로, ㅂㅇ는 가로로 퍼지는 형태로 표기된다. 그러나 여린비읍 ㅸ이든 ㅸ이든 연음소 ㅇ는 음운이 아니고 부호에 비중이 있으니 자음 ㅂ과 똑같이 병렬하기보다 ㅂ (연음자음들) 위에 1/2 크기로 표기함이 적합하다고 본다. 이에 대해서 서구 언어나 일본어는 이런 기형적(畸形的)인 형태 없이 여린 음을 표기한다. 그에 대해서는 아래 단락에서 상세하게 설명하겠다.

본론(本論)

1) 동양어 문자들과 라틴어 문자체제 비교(比較)
(기본 언어 문자와 발음 표기 문자를 중심으로)

우리 한글(훈민정음)은 한자어(漢字語) 이후에 통용되었기 때문에 우리말과 글은 한문과 한글 2종류의 문자가 혼용되고 있다. 그리고 일본어는 문자적으로 3가지를 혼용해서 쓴다.

히라가나(ひらがな)로 한자의 초서체를 바탕으로 만들어진 문자인데, 이는 헤이안시대(평안시대, 9세기경)에 궁중 여인들이 사용했던 문자이다. 그 다음은 가타가나(カタカナ)인데 이는 헤이안시대에 스님들이 불경을 읽기 위한 보조기호로, 발음을 표기하기 위해 쓰인 문자이다. 주로 외래어 표기나 광고 등 강조하는 부분을 쓸 때 사용한다. 마지막으로 한자(漢字)는 가나가 발명되기 전에 사용하였다.

라틴어를 보면, 영어를 제1외국어로 사용하는 우리는 영어 알파벳이 2가지 형태가 있으며, 발음 기호가 따로 있는 것을 알고 있다. 예를 들면, ABCD, abcd 대문자 소문자, 고딕체와 흘림체이며, 발음 기호들은 알파벳 형태와 다른 것들이 있다. 예를 들면, ç æ ŋ θ ə ʒ φ ʧ ʃ 등이다. 이런 발음 기호는 라틴어 이전에 있던, 그리스어 문자들이다. 이를테면, θ th, ʧ th, φ ph, ψ ps 이고, 라틴어 문자는 æ(ant), ə(father, faːðər), ʒ(invision), ɔ(fawn, fɔːn), ŋ(during, djuəriŋ) ʃ(position, pəziʃən) 등이다.

영어는 라틴어 문자를 기본으로 하되, 발음 기호는 그리스어

문자 내지 확장된 라틴어 발음 기호를 혼용(混用)한다. 우리는 일본어의 기본문자가 히라가나이며, 외래어 발음 기호는 가타카나인 것을 보았다. 그리고 영어는 그리스어 문자 내지 라틴어 문자를 발음기호로 혼용하는 것도 살펴보았다. 그러나 한글은 기본문자 한글 자모 24자는 있어도, 일본어나 영어처럼 -일반 유럽언어처럼- 발음기호는 없으며, 아직까지 그런 외국어 발음 기호는 우리말로 표기되기 보다는 외래어 발음을 차용한 형태로 '외래어' 범주에 넣어서 사용하고 있다.

외래어 발음은 우리의 한글표기가 일본어 발음 표기보다는 정확한 편이다. 그런데 우리의 기본문자나 외래어 발음은 한글 기본문자 한 가지로만 표기되어 있다, 여기서 문제가 생기고 있다. 영어의 발음 기호나 일본어의 가타카나 외래어 표기 없이, 우리말에 없는 음소문자(音素文字)를 한글 기본 자모 24자와 구별하지 않고, 그대로 섞어서 쓰자는 제안에 대해서 무관심 내지 거부반응이 계속되고 있다. 이런 문제는 이미 세종대왕 시대에 있던 이체자(異體字)에서 나타났었다. 즉 우리말에 없는 자음 발음들이다:

ㅸ ㅹ ㅥ ㅁ̇ ㆄ 이 그것이다. 그리고 이미 있던 3개 자음 ㅿ ㆁ ㆆ 과 '반모음 아래아' 까지 없어졌다. 이런 일련의 이체자들은 2가지 이유에서 용도폐기 된 것 같다.

1. 이런 자음은 우리말에 없는 발음 표기이다.

2. 기본 자음에 비해서 자음 아래 연음소(軟飮素) 이응 ㅇ 은 글자 모양을 기형(畸形)으로 만들어 거추장스러웠던 것 같았다. 기본자음의 정형(正形)에서 벗어난다는 느낌을 주는 것 같았다.

그럼에도 우리는 우리에게 없는 발음을 우리말로 표기할 수 있다면, 이제라도 좁아지는 지구촌의 세계화 시대에 적응하려면, 훈민정음 르네상스(훈민정음 복원 정신)를 일으켜서 세계 언어와 문자의 표기를 우리 글(훈민정음)로 온전하게 표기하는 수술적(手術

的)인 일대 전환이 있어야 할 것 같다. 우리의 문자로 세계 언어 문자를 표기한다는 목표의식이 있으므로 훈민정음의 창제정신을 회복할 수 잇기 때문이다.

따라서 한글 확장 연구자들은 하나의 한글 문자로 기본 문자와 발음 표기 문자를 혼동 내지 혼합적으로 쓸 것이 아니라, 기본문자(자음 ㄱ ㄴ ㄷ ㄹ ㅁ ㅂ ㅅ ㅇ ㅈ ㅎ등)옆에 외래어 발음 표기 문자(ᅙ ㅱ ㅸ ㆄ ᄼ ᄾ ᅎ ᅐ ᅘ 등)를 구별해서 한글 확장 연구를 하는 것이요, 늦은 감이 있지만, 영어(유럽언어)나 일본어처럼 기본 문자와 발음표기를 겸비하는 문자체제 개혁이 있었으면 한다.

2) 기본문자와 외래어 발음 표기 문자 체제에 대한 제안

우리는 기본문자와 외래어 발음 표기 문자 체제를 위해서 각자가 새로운 문자를 임의적(任意的)으로 훈민정음의 자음들을 감획(減劃), 가획(加劃), 변형(變形) 하기보다 중세 국어 학자들의 연구를 면밀하게 훑어보면서 '문헌에 근거한 제안들'을 검토 조정하는 일이 수행되어야 할 것 같다.[28]

그의 본보기로 우리는 훈민정음 해례에 따른 외국어 표기를 위한 훈민정음의 이체자, 연서(連書), 병서(竝書)를 검토하는 일이다. 이에 대해서는 지금까지 한글 확장 연구자들이 충분하게 검토 논의하여 온 줄로 알고 있다. 필자의 견해가 부분적으로 그들과 동일하며, 부분적으로 다를 수 있겠지만, 다양함과 차이 속에서 좁혀지는 근접성과 공통성도 있으리라 본다.

---

[28] 허동진, 『조선어학사』, 160-214쪽 참조.

외래어 발음 표기를 위한 이체자(異體字), 연서(連書, 예 ㅱ ㅸ ㆄ)와 병서(竝書, 예 ㅲ ㅃㅇ ㆅ ㅍㅇ)

훈민정음의 여린 ㅸ은 원래 연서(連書)이다. 그러나 최근에 한글 확장 연구자들의 일부는 여린 비읍 ㅸ 아래 중성(中聲) 모음이 자음 아래 연서된 이응 ㅇ으로 인해 튀어 오르게 보이기 때문인 것 같다(예 부). 그래서 어느 분은 ㅸ으로, 어느 분은 ㅇㅂ으로, 어느 분은 ㅂㅇ 으로 가로로 풀어 쓰자고 한다. 그래도 문제는 해결되지 않는다. ㅂ과 ㅇ을 가로로 병서하면, 이번에는 글자가 가로로 퍼져 보이기 때문이다(예 ㅂㅇㅏ). 즉 연서는 위로 튀어 오르는 글자로(부), 병서는 가로로 퍼지는 글자로(ㅂㅇㅏ) 쓰이기 때문에 미학적(美學的)으로 균형감각을 손상시켜 시각적(視覺的)으로 부담스럽다. 정상적인 문자나 글자에 추가된 부분이 좀 기형적(畸形的)으로 보이면서 낯선 글자 분위기를 자아내면 수백 년 간 쓰고 보아오던 어문생활이 한순간에 식상(食傷)할 수 있다는 점도 염두에 둘 필요가 있겠다.

따라서 필자 생각에 우선은 한글 확장 작업이 정상적인 문자나 어문에서 보다는 외국어 원음 발음을 위한 발음 기호 측면에서 한글 확장이 실현되었으면 한다. 이런 한글 확장은 우리말이나 발음에 없는 것을 우리말의 자음이나 모음으로 음역 표기할 필요가 있기 때문이다. 세종 대왕의 훈민정음 창제 당시 우리말에 없는 발음은 인도, 중국, 몽골과 만주 그리고 일본과 외교관계에서 외교문서를 읽기 위해서 훈민정음 28자에 없던 이체자(異體字)들이 대강 ㆆ ㅱ ㅸ ㆄ으로 표기되었던 것 같다. 그러나 이런 연서들은 라틴어처럼 가로로 풀어 쓰지 못하고, 연서로 고정되어 쓰여야 했기 때문에 좀 불편하고 낯설어 보였다. 만일 세종대왕과 그의 한글 연구가 신하들이 오늘의 세계에 산다면, 생각이 좀 바뀔 수 있다고 본다. 반드시 여린 자음을 연서로 써서 위로 튀어 오르는 글자 형태를 갖추어야 하겠는가? 이에 대해서 필자는 동양 서양 가리지 않고, 여러 문화 대국들의 다양한 자음들을 통해서 발음되는 자음들을 비교하면서, 그의 공통적인 현상을 찾아서 우리말 즉 자음(닿소리)에 붙여지는 연음소(軟音素)와 자음의 모양을 조정 건의 하려고 한다.

3) 고대 언어 문자들과 라틴어확장의 연음(軟音)과 강경음(强硬音) 발음표기

일문자(一文字)의 연서(連書)와 병서(竝書) 체제

우리말과 다르게 고대 그리스어와 히브리어는 문자 자체에 연서(軟音 음가)와 병서(각자/합용 병서 음가) 음가를 표기 하였다. 예를 들자면, 연음인 로마자 Ph는 φ로, 각자 병서 로마자 Ch는 χ로, 합용병서 로마자 Ps는 ψ로 표기하고 있다. 정리 하면 아래와 같다.

그리스어	φ	χ	ψ
우리말	ㆄ	ㆅ	ㅍㅅ

위의 3자음은 여린 피읖, 센 후음, 합용병서에 해당하는 그리스 자음들이다.

고대 히브리어는 그리스어 보다 한층 복잡한 일문자의 연서와 병서체제를 표기한다. 아래에 히브리어, 라틴어와 우리말 훈민정음의 음가 비교표를 참고해 보라.

특히 히브리어 6자음 연음 베가드케파트(ת פ כ ד ג ב)는 자음 안에 다게쉬 레네 연강점(軟强點)·을 가진 경강음 (ת פ כ ד ג ב)도 된다. 로마자로 연음은 Ḇ G̱ Ḏ Ḵ Ṯ는 자음 아래 가로 막대기를 가획하여 자음을 약하게 발음한다. 그리고 경강 음은 정상 자음 B G D K P T음으로 표기한다. 그 다음 각자 병서 ㅌㅌ 은 테트 ט이며, 로마자로는 Ṭ ṭ 이며, 자음 아래 가획으로 · 을 붙인다. 점은 강음 된소리의 음가를 표기한다. 그리고 치두음 신 ᄴ ᄼ과 정치음 쉰 ᄵ ᄾ 자음을 가진다. 아래에 연음 베가드케파트 6음과 경강점 을 가진 정상 기본 자음을 도표로 제시한다. 히브리어는 라틴어로 완전하게 음역 되며, 라틴어는 히브리어 음역을 위해 연음 발음 표기의 가획 가로 막대기 — 와 경음(硬音) 발음 표기 · 을 갖는 다.

히브리어	בדוזחטצקשׂשׁת
라틴어	bd w̄zḥṭṣkśṡtΘ
우리말	ㅹ ᄕ ㅸ ㅿ ᅘ ㅌㅌ ㅊ ㅋ ᄼ ᄾ ᄐ̇
일본어	か 청음 が 탁음 ぱ 반탁음 (ゃ요음, っ촉음, ん 발음, ぃ장음 제외)
우리말	ㅋ ㄲ ㄱ ㅍ ㅃ

우리는 자음들이 나라별로 다양하게 표기 된 것을 위에서 본다. 그리스어는 연음(軟音), 경음(硬音) 그리고 합용병서(合用竝書)를 한 개의 자음으로 만들어서 쓰고, 히브리어는 연음에 연강음(軟強音) 표시로 다게쉬 레네 점 · 을 자음 안에 찍어서 사용한다면(예, כ ג), 또 각자 병서 ㄲ ᅘ (ㄱ ㅎ 과 비교)이 있다. 라틴어는 자음 아래 약음 표기로 가로 막대기 (예 ḇ ḏ)를, 연강음 표기로 자음 아래 · 을 찍어서 (예 ḥ ṣ) 사용한다.

라틴어는 가로로 풀어서 쓰니까 글자 모형의 불균형을 염려 안 해도 된다. 그러나 히브리어는 우리말과 같이 자음 아래 모음, 즉 초성 아래 중성 모음을 붙여서 쓴다. 그래도 연음(ב bh)과 연강음 표기는 자음 내부에 점을 찍어서(בּ b) 사용하며, 어떤 경우는 자

음 왼쪽 위에 모음 표기를 한다 (예 בֹ bō 보, פֹ pō 포). 그리고 일본어 역시 탁음들을 자음 오른편 상위(上位)에 붙여서 쓴다(예, か がピビポ). 일본어는 자음과 모음이 한데 겹쳐서 음절문자를 이루기 때문에 탁음 부호가 크게 거슬리지 않는다.

결론(結論)

위에서 본 대로 히브리어, 그리스어, 라틴어와 일본어는 공통적으로 표음 문자이면서 초성 중성이 단자음(單子音)에 한 개의 모음이 가로로 쓰인다(예. Go Can). 그러나 우리말은 한 자음 아래에 한 모음이 세로형으로(예. 고), 한 자음 초성 오른 쪽에 한 모음이 중성으로 가로로(예. 가)쓰인다. 그럼에도 이런 두 가지 초성과 중성은 세로형이건 가로형이건 두개의 자음을 가진 연음(軟音)인 경우 위로 튀어 오르거나, 가로로 퍼지는 기이한 비정상의 형태를 만든다. 물론 종성의 자음이 각자병서 겹자음이나(깎다), 합용병서(삯, 넓다)로 쓰이는 것은 문제되지 않는다. 그러나 초성 자음의 합용병서(예, 부, ㅂㅏ)는 일반인에게는 낯설어 보인다.[29]

연음소 ㅇ 은 비음운이고 획이기 때문에 자음과 병렬한 ㅇㅂ ㅇㅍ의 병서는 불합리하다 연음소 ㅇ 은 획이기때문에 음리적으로 1/2 크기의 획으로 자음위에 첨가하는 것이 합리적이라 하겠다. 고로 ㅸ 제자원리는 병서 ㅇㅂ보다는 ㅇ획을 자음 ㅂ위에 위치시킨 연서 ㅇ̇ㅂ를 결정한다.

다시 말해, 연음소 이응 ㅇ을 중성위치의 모음을 밀고 들어가지 않기 위해서는 이응의 위치를 빈자리, 빈 공간에, 모음 자리를 옹색하지 않게 하면서 초성 자음 중앙 상위(中央 上位)에 지정하여

---

[29] 우리말에 연음소 ㅇ이 연서이든, 합용병서이든 모음 ㅏ ㅜ와 음절로 결합되면 시각적으로 불편해 보인다. 그런데 연음소 ㅇ을 자음 위에 1/2크기로 위치하면 그런 불편은 해소된다.

앞혀서 쓰는 것이 무리가 없을 것 같다.

정리:

1) 우리 글 한글은 초성의 각자 병서는 가능하지만, 초성합용 병서(ㅂㅎ, ㅍㅎ)는 피(避)한다 (예 떡 대신 떡). 고로 초성 합용병서 보다 연서(連書)가 바람직하다고 본다.

2) 히브리어는 자음 안에, 라틴어 확장의 자음은 자음 아래 경강점(硬强點) · 을 가획하여 센 소리를 표기 한다. 그리고 라틴어 확장은 자음 아래 가로막대기 ― 표를 가획하여 자음을 연음화(軟音化) 한다. 우리 중에 가점 방식으로 자음 상위 중앙에 - 을 가획 하여 연음(軟音)을 하는 것은 이해가 안 된다. 우리에게 연음소 ㅇ (ㅸ) 이 있기 때문이다.

3) 일본어 탁음은 음절 か 의 오른 편 위에 ゛를 가획하여 연음 が '가'로 발음한다.

4) 고대 언어와 일본어는 경음을 위한 가획 표기 · 점과 연음을 위한 가획 ―, 탁음 ゛(が) 표를 붙인다면, 훈민정음에서는 연음소(軟音素) ㅇ 이 ㅂ ㅍ 아래 ㅸ ㆄ 으로 쓰인다. 그러므로 연음은 병서(竝書)보다 연서(連書)가 원칙에 적합하다.

7. 소운자 ᄝ(연서) aw ao au 에 관하여

참고 문헌: 강길운,『훈민정음과 음운체계, 한국문화사(개신판)』, 1992(2005); 김무림,『홍무정운역훈연구』, 월인, 1999; 우민섭,『중세국어음운연구』, 전주대출판부, 2000, 조규태,『훈민정음(번역풀이)』, 한국문화사, 2000; 허동진,『조선어학사』, 한글학회, 1998; 방석종,『훈민정음의 세계문자화』, 2008

연구 동기

필자는 감리교신학대학교 신학과에서 구약학을 가르치는 구약학 교수였다(목원대 신학과 1981~1984, 감리교 신학대, 1984~2006, 독일 에어랑겐 대 신학부 신학 박사(Dr. Theol.)).

필자는 기초과목 중 필수 과목인 히브리어 문법을 25년간 가르치면서, 읽고 쓰기 어려운 히브리어문자를 우리말로 음역하는 문제를 좀더 철저하게 정리할 필요성을 느끼게 되었다. 이유는 세계에서 가장 우수한 표음(表音) 소리글자 한글을 가지고 있으면서, 우리는 언제까지 로마자(영문)에 의존해서 로마문자로 발음표기를 빌려 써야만 하는가라는 문화 민족으로서의 책임 의식이었다. 우리는 인구도, 영토도, 자원도, 정치력도 없는 약소민족 국가라는 딱지를 떼지 못하고 반만년을 지내오고 있다. 20세기 들어서서 경제력과 한류(韓流)를 창조하고 있지만, 그것은 첫째 문화적인 기초가 튼튼해야 기틀을 잡고 세계로 뻗어갈 수 있다. 그러나 아직은 불안하고, 막막한 미래 앞에서 서로 얼굴만 쳐다보고, 나아갈 방향을 망설이고 있다. 어떤 해결책이 없겠는가?

한글과 세계적인 문자 비교

 요즈음 우리는 한류(韓流) 못지않게 한글을 세계문자화 또는 세계화하자는 꿈에 부풀어 있다. 그리고 한글 확장을 통해서 로마자의 알파벳 이상 가는 자모(子母)를 만들어 세계시장에 수출을 기획 하고 있다. 동양 중국, 일본, 동남아(베트남, 태국 등) 권에 한글이 음가를 대표하는 문자로 쓰이게 하자는 운동이 일어나고 있다. 이에 대해서는 이미 자판기술을 현실화시키는 전문가들이 도처에서 노력하고 있다.
 필자는 한글 확장의 응용과 기술측면에서 보다는 음소(音素)에 관심을 가지고, 우리보다 앞서 가는 서구문명권을 살피면서, 한글의 세계문자화의 가능성과 그에 준하는 준비작업에 관심하고 있다. 우리가 알다 시피 중동 지중해와 아라비아 반도 서쪽 시나이 반도 사이에 끼여 있는 이스라엘은 히브리어로 구약을 세계에 전파하여, 첫째로 히브리어를 그리스어(70인역, 셉투아진트)로, 히브리어를 로마자(라틴어, 불가타 역본)로 번역하여, 기독교를 세계종교로 퍼지게 하였다. 물론 이런 작업은 서방 기독교 라틴 문명권 학자들에 의한 것이었다.

궁켈의 라틴어 확장 (1901-1902, 1910년)

 세계에서 읽고 쓰기에 가장 어려운 문자가 중동의 셈어, 아라비아 문자들이다. 그 가운데 히브리어는 처음에 모음이 없이 순 자음(子音)으로만 읽다가, 기원전 6세기 이후부터 자음 위에 모음을 달아서(붙여서) 읽는 바빌론 체제 문자가 나왔고, 그 후 다시 모음을 자음 아래 받쳐주는 티베리아 문자체제가 되어, 고정되어 쓰이고 있었다. 그럼에도 서구 유럽인에게는 읽고 쓰기에는 매 한

가지로 어려운 문자이다.[30] 서구성서 학자 중 창세기 주석을 연구했던 독일의 독문학자요, 성서학자인 헤르만 궁켈(Hermann Gunkel)은 히브리어 헤트 ח를 로마자 H 밑에 강점 • 을 붙여서 'Ḥ/ḥ'로 표기하여 썼다. 우리 한글로는 쌍히읗 ㅎㅎ 에 해당한다. 이런 용례는 히브리어 봐부/와우 ו(우리 한글 봐브), 히브리어 이중모음, וֹ (우리 한글 몽, 몿 말), 즉 로마자 음역은 AW, AU, AO로 발음된다.

라틴어확장의 역사를 보면, 위에서 본바와 같이 독일의 성서학자 헤르만 궁켈의 창세기 주석에서 고안했던, 히브리어의 라어 음가에서 출발하여(1901-1910년), 독일 라틴어 음역표준 규칙의 초석이 되었다. 이는 1910년에 세계최초의 라틴어 표기로 채택되었다. 궁켈의 라틴어 음역 표기 안(案)은 사전 편찬자 뷜헬름 게제니우스와 문법 학자 카우취(Kautzsch)에게 받아들여졌으며, 1910년에 라틴어 음역 표준 규칙이 된 후 1977년 국제 통일안으로 확정 되었다. 그럼에도 우리나라 성서 학계는 이런 음역표기에 비중을 두지 않고, 극히 제한된 전문 학자에게서 학위 논문을 위해 따라야 하는 의무행위에 불과한 상태이다.

라틴어 확장이란 무엇인가?

라틴어는 대체로 기원 전 9-8세기경에 있던 소아시아 지중해의 나라 그리스어를 받아쓰다가, 6-5세기경 점차로 로마자로 따로 만들어 썼던 문자이다. 그리스어가 24자모라면, 라틴어도 24자(J 와 W가 없음)이다. 현대 로마자 영어문자는 26 자모이다. 그런데 히브리어는 자음만 22자음이다. 게다가 히브리어는 자음 6개(로마자 표기로 B, G, D, K, P, T 연 강음과 Bh, Gh, Dh, Kh, Ph, Th 연음(軟音)를 연강음-연음으로 구분해서 쓰는 통에 자음만 28개가 된다. 그

---

[30] E. 뷔르트봐인, 『성서본문비평입문』, 방석종 역 1987, 43쪽 참조.

리스어 자음 18자, 라틴어 자음 18자, 영어 자음 21자로는 히브리어 자음을 제대로 표기할 수 없어서, 유럽과 영미 학자들은 고심하다가 궁켈이 창안한 라틴어확장 자모(子母)를 받아들여서 1977년 국제 통일안의 라틴어 확장 자모를 채택하여서 세계 공통 표기를 확정한 것이다.

확장된 로마자와 히브리어 음가

히브리어의 로마자 음가 표기는 인터넷 문자표 '영문 및 라틴어' 와 '국제 음성 기호'(유니코드 참조)에 나열되어 있다. 그중에 쉬운 예를 들면 다음과 같다 :

장모음들은 Ā 아:, Ē 에:, Ī 이:, Ō 오:, Ū 우:, 등 5개의 모음이 있다.

6개의 연음(軟音, 濁音) ㅂ 뿽 B̄, ㄱ G̱, ㄷ Ḏ, ㅋ Ḵ, ㅍ F, ㅌ Ṯ 이며, 알파벳 문자 아래 약음표기 가로막대기 ― 를 붙인다. 거친 자음 표기들은 자음 아래 강점 •을 붙인다. ㅠ Ḥ ㅎㅎ, ㅇ Ṭ ㅌㅌ, צ Ṣ ㅊ, ק Ḳ ㅋㅋ/ㄲ 이며, 자음 아래 점 •을 붙인다.

히브리어 이중모음에 관하여

우리말의 중세 국어의 소운자(蕭韻字)는 히브리어 이중모음 '아우'(AW, AU)만큼이나 낯설다. 그러나 이런 이중모음 '아우'는 훈민정음과 홍무정운역훈에서 'ㅱ' 이나 'ㅗ ㅜ'(아오, 아우로 읽음)에서도 두 음절(音節)이 아닌, '이중모음'으로 읽는다.

히브리어 단장모음 파타하/카메츠와 반모음 '와우'(봐부)는 단장(短長)이중모음으로 ַו aw, ָו āw, 그리고 최장 이중모음 יו âw 3가지 단, 장, 최장 이중모음을 쓰고 있으며, 무엇의(소유) '것/것들'이라는 의미이다.

　소운자(蕭韻字): 소운자는 일반 사전에는 나오지 않는다. 다만 '蕭'는 바람 소리, 말이 우는 소리,또는 소슬(蕭瑟)한 가을의 쓸쓸한 바람 소리로 의미를 생각할 수 있다. 이런 소운자는 한문어(漢文語)의 번역을 위해서 표기한 ㅱ을 이르는 표현이다. 훈민정음의 일연의 연음들 ㅸ ㅹ ㆅ ㅱ ㆄ 들 중에 ㅱ은 일반인에게 어떻게 발음하는지 조차 알려지지 않은 이체자(異體字)이기도 하다. ㅱ은 음가상 순음(脣音, ㅸ.ㅹ)에 속한다. 그럼에도 ㅂ 이나 ㅁ 소리가 아니고, 생소한 '아우' 또는 '아오'(aw)로 발음한다. 이런 음은 독일어 au (Auge, 눈; Tau, 이슬)에 자주 쓰인다. 고대 히브리어 인칭 어미에도 나온다. 히브리어 '누구의 것' 소유격 어미에 '아우'(aw, ֹו 단모음 파타하 + 와우의 결합형)가 바로 소운자 ㅱ 와 일치하는 발음을 갖는다. 이런 소운자는 한어(漢語)의 랄(落 라우, 라오), 말(莫 마우, 마오)로 나타난다.

소운자 ㅱ, aw, au 의 역사

　훈민정음과 관련해서 한글의 자모체계를 우선 살펴보면, 현재 우리가 쓰는 24자모음 체계 이전에 한어(漢語) 번역을 위해서 31자모체계가 있었던 것을 검토할 필요가 있겠다.
　일반적으로 '소운자'(蕭韻字)라는 용어는 사전에도 안나오는 어휘라 생소한 것으로 보인다. 이런 소운자를 설명하기 앞서, 우리는 21 세기를 살면서, 한글의 우수성을 알면서도 한글로 로마자 표기가 일관성이 없으며, 우수한 현 한글 14자의 자음(子音)으로는 세계적인 언어나 영어의 F, V, Th, W, Z등을 정확하게 발음을 못하고 있는 데 고민이 있다. 더군다나 한글이 우수하고 훌륭한 글자임에도 일반 국민의 일반적인 언어생활에만 쓰일 뿐 글 쓰는 규범이나 외국어 표기가 혼란스럽고, 통제 불능의 방치상태가 문화민족이 되려는 양식 있는 사람들의 눈살을 찌푸리게 한다. 이는 미래적인

위험성을 놔두면서, 예방에 아예 관심을 쓰지 않는 국민적인 유전인자가 문제인 것 같다. 일이 터질 때까지 위기대처의 법이 성문화 되지 않는 경우가 비일비재(非一非再) 하다. 이런 사례가 우리 생활문화의 한글 사용에서 기형적(畸形的)으로 나타나고 있다. 그런 예는 대한민국 국민 각자가 성(姓)을 영문으로 표기하는 데서 볼 수 있다. 김씨가 Kim으로, 이씨가 Lee로, 박씨가 Park으로 표기된 것은 이미 고정된 것 같다. 동양 한국 성이 서양 구미화(歐美化)된 멋진 표현이다. 그러나 굳이 성씨 발음에 맞는 로마자는 어떤 것인가를 묻는다면, 김(金)은 유기(有氣) 유성음으로 Ghim으로, 박(朴)은 Bhak으로 표기된다. 그러나 유기 유성음이 없는 한족(韓族)은 김(金)을 무기(無氣) 유성음으로 킴(Kim)으로, 박(朴)을 무기 유성음 팍(Park)으로, 즉 경음(硬音)으로 음사(音寫)하였다. 연음(軟音)과 탁음(濁音)을 경음(硬音) 및 청음(淸音)으로 바꾼 것이다. 이런 음사는 근본적인 음가 표기와는 거리가 멀뿐만 아니라, 혼란과 숱한 오해와 오보(誤報)를 일으킬 수 있다.

소운자(蕭韻字) ㅱ에 대한 고찰

김무림, 『홍무정운역훈』, 273쪽, 각주 11)에 보면, 소운자 ㅱ은 양순마찰비음, 즉 양 입술을 가볍게 대며 콧소리를 울려 준다. "ㅱ는 국제 음성기호에는 해당되는 기호가 없다"고 하지만, 성격상 이는 이중모음의 성격을 가지기 때문이다. -ㅱ 과/와 -ㅸ은 반모음(半母音)에 해당하며, 종성복용초성이다.

예) 땽 ---턍, 쯍---추, 쨢 ---쟌 이다. ㅱ 은 원래 ㅜ/ㅗ가 아니며, ㅸ 도 본래 ㅗ/ㅛ가 아니니, 소효운(蕭爻韻)의 ㅱ 는/은 ㅗ와 같고, 우운(尤韻)의 ㅱ 은 ㅜ 과/와 같다.

그러나 통고(通攷)에서 ㅱ과 ㅸ은 본래 운(韻)의 발음에 각각 의거하여 ㅗ/ㅛ/ㅜ로 가능하다.[31] 몽고운력은 원(元)의 파사파(八思巴) 문자로서 한자음을 표기한 운서(韻書)로 알려졌다. 이는 훈민정음으로 한자음(漢字音)을 음역(音譯)한 조선의 '홍무정운역훈'과 같은 성격이다. 이런 맥락에서 필자는 '훈민정음의 세계문자화'에서 훈민정음 음가로서 히브리어-라틴어-한자의 음역을 마련하였다. 이런 작업은 미래의 '방 정운 역훈'(方正韻 譯訓)이라 칭하게 될지도 모르겠다.

그리고 중원음운(中原音韻, 1324년))에서 各은 갈, 莫은 말, 落은 랄은 소호운(蕭豪韻)에 들어있으며, 그의 의음(擬音)은 Aw로 추정된다.[32]

허동진, 『조선어학사』, 186-192쪽, 참조에서 유희의 언문지를 보면, ㅱ의 ㅗ, ㅛ는 외국어 번역에서는 쓰이나, 조선 글자로 말하면, 두자(2字)로 되기 때문에 부정한다고 하였다.

필자도 ㅱ이 종성으로, 이중모음 구실을 한다면, 초성 자음, 중성 모음, 종성 자음(ㅱ)이 한글에 맞는 반면, ㅱ 표기의 중성과 종성 형태의 ㅗ 나 ㅛ는 어색하여 부적합하다고 생각 된다.

『조선어학사』, 213, 251쪽에 보면, 권정선은 음경(音經, 1906년)에서에서 4가지 종성(終聲), 반입성 ㅸ ㅱ ㆆ ㅿ을 말하고 있다 (213쪽).

국문연구의정안의 견해 (『조선어학사』, 251쪽)

1907년 9월 6일-1909년 12월 약 2년 3개월 동안 23회의 회의를 거쳐 11가지 제목을 논의하였다.[33] 그 중에서 8자 ㆁ ㆆ ㅿ ·

---

[31] 상게서, 300쪽
[32] 상게서, 303-302쪽
[33] 허동진, 『조선어학사』, 251쪽

ㅱ ㅸ ㆄ ㅹ 등이 음리에 맞으나, 국어 음에는 없으니, 다시 쓰는 것이 부당하다고 하였다.[34]

1907-1909년 국문연구의정안에서 제외한 자음 8개

'옛 이응 ㆁ', '된 이응 ㆆ', '사이시옷 ㅿ'

'개모 ◇', 'ㅱ', 'ㅸ', 'ㆄ', 'ㅹ'

김두봉의 조선말본(1916, 1923년), 깁더 조선말본 참조

김두봉은 자음을 발음위치에 의하여 분류하였다. 예를 들면 ㅸ ㅱ ㆄ은 입술과 이(齒)의 음이며, th는 혀끝과 이(齒)의 음이라 하였다. 이에 대해서 최근에 방석종은 그의 『훈민정음의 세계문자화』, 2008, 76-77쪽 전체적인 도표에서 여린/센 순치음(脣齒音) ㅸ ㆄ의 음을, 여린 설치음(舌齒音) th ㄲ ㅳ, 센 설치음 th θ ㅺ(연서, 이 음(音)은 아직 국제음성기호나 유니코드에 수록되지 않았다)으로 발표하였다.

강길운,「훈민정음과 음운체계」, 268-269쪽 참조

강길운은 한자음(漢字音)의 종성(終聲)으로 ㅱ 순경음은 동국정운에서 이중모음(二重母音)으로 발음되며, 상성(上聲)인 동시에 장음(長音)과 관계가 있다고 하였다.

---

[34] 상게서, 251쪽

한자어와 한글 비교의 실례들

호(好) 핳, 핟
소(少) 샿, 샨
우(又) 잏, 읻
수(受) 씿, 싣
유(有) 잏, 읻

우민섭, 『중세국어 음운 연구』, 66-67쪽 참조:

사성통해의 각(却) 같 은 몽운(蒙韻)으로 꼂이며, ㅸ, ㅱ 종성은 ㅗ, ㅜ 음이다 라고 하였다.

정리: 우리는 소운자 ㅱ는 ㅸ이나 ㅁ과 같은 음이지만, 훈민정음으로 한자음을 표기 음역하는 외국어 번역에 쓰인다는 역사를 검토하였다. 그리고 ㅱ를 연구한 어학자들은 대개 공통적으로 1) ㅱ은 맠 = 맢 2가지 글자 모형을 가진다. 2) 이중모음이요, 장모음이다. 3) ㅗ ㅜ 로 발음된다. 4) 2음절이 아닌, 복모음의 한 음절이 된다. 5) 라틴어 음역으로는 ㅸ가 W 음이라면, ㅱ는 Aw 음으로 구별하여 쓸 수 있다. 6) 한글 ㅱ 소운자를 사용하면, 우리 한글은 중국 한문어, 몽고 파사어, 히브리어 등 문명 대국의 문자를 갖추어 한글의 세계문화 언어가 된다. 일본어의 경우 복합모음 한 음절 문자는 일본의 음절 문자의 성격 때문에 2음절이 될 수밖에 없다. 예, 한글 1음절 '앑'(Aw,Au)는 일어 2음절 아우(あう), 아오(あお)로 써야 한다.

소운자 ㅱ에 대해서 구술(口述)로 토의에 응해 주시고, 아래아 원설음(原舌音)을 가르쳐 주신 故이응백 교수님(서울 사범대학교 명예 교수님)께 감사드린다.

2-3. 새한글을 통한 외국어 음가 표현

1. 한글과 히브리어 문자 비교

필자가 1972년 10월 세계 교회 협의회(WCC) 장학생으로 독일 에어랑겐 대학교에서 구약학을 전공하러 갔을 때 일이다. 구약교수 G. 포오러의 초대를 받았을 때, 그는 한국역사와 문화를 미리 공부하고 느닷없이 한글 자모에 대해서 물으면서 "읽고 써보라"는 것이었다. 나는 ㄱ에서 ㅎ까지 써 내려 가면서 읽었다. 그는 한글을 로마자와 비교하면서 대충 보고, 훌륭하다고 했다. 그는 이응 ㅇ 대해서 물었다 ㅇ은 모음 10자에 붙이거나 받침으로 사용한다고 하니, 예를 들어 설명하라는 것이었다. 그래서 '잉어'(Ing-eo)에서 ㅇ은 받침자음으로 로마자 -ng이라고 하니, '좋다'를 연발했다. 그리고 ㅇ이 모음 ㅓ에 붙어 한 음절인 '어'을 이룬다고 했다. 어느 날 E. 쿠취라는 구약 교수는 "당신 히브리어 자인(ז)을 발음하라"고 했다. 나는 '자'라고 읽었지만, 틀린 발음이라는 것이다. 그는 S와 Z의 중간 음을 내라는 것이다. 나중에 히브리어 '자인'은 훈민정음 ㅿ이라는 것을 알았다. 히브리어 시간에 긴장하고 구별해서 읽어야 할 반모음 셔봐(와)는 단어마다 거의 있는 데, 이 셔봐는 발음을 내는 경우가 있고, 내지 않는 경우가 있다. 그의 발음 유무(有無)를 떠나서, 셔봐는 영어 (The)와 독일어(haben)로 '으'와 '어'/ '에'의 중간 음이다. 라틴어 국제음성 기호로 'ə' 로 표기한다. 그러나 한글에 이런 반모음이 없고, 훈민정음의 사라진 반모음 아래아 ㆍ가 바로 히브리어 셔봐 ְ ,즉 확대하면 : '콜론'같은 표기를 자음 아래 붙인다. 그 다음 히브리어 '봐브/와우 ו' 접속사는 영어의 W로, 독일어의 V에 가까운 음을 낸다.

그런데 북독일의 W는 영어 W에 가깝게 내지만, 남독일의 W는 V에 가깝다. 러시아인도 워싱톤(Washington)을 '붜싱톤'이라 발음한다. 어느 나라나 표준어와 사투리가 있지만, 그런 경우 표준어와 사투리를 한 자음 (예 W)으로 함께 쓰고 있다. 북독일은 W에 가깝게, 남독일은 V에 가깝게 말이다. 우리나라도 이런 경우가 있다. 중북부(서울, 경기도)에서 '더워'로, 남부(경상, 전라 지방)에서는 '더붜'라 발음한다. '워' 와 '붜'의 차이를 조화하려고 훈민정음은 'ㅂ 과 오우' 사이 음을 여린 비읍 'ㅸ' 이체자(異體字)로 창안하여 '더붜'로 표기했고, 고대 산스크리트어 경전인 석보상절 불경의 여린 양순음을 'ㅂ' 대신 'ㅸ'로 음역 표기한 바가 있다. 그러나 한글은 아직도 로마자 발음이나 히브리어 발음의 중간 연음(軟音)이 없다. 예를 들면, 영어 F 나 Th 발음이 한글로 발음하기가 고역(苦役)이다.

문제는 우리 생각에 "한글은 한글 다우면 된다"는 것 같다. 로마자 발음은 우리말의 표현이 아니기 때문에 그들 문자를 따라 한다는 식이 아닌가? 여기에 한국인과 히브리인의 차이가 생긴다. 한글(자음 14)은 간단하고, 쉽고도 빠른 것이 특징이다. 그래서 모음의 장단, 음절 억양표기, 자음의 발음(음가)기호가 없다. 그러나 히브리어 자음 23자는 로마자 자음 21개 보다 두어 개 더 많다. 강대국 사이에서 전쟁에 시달리며, 불안한 가운데 도망과 피신생활이 운명처럼 생활화되었지만, 히브리인들은 강대국보다 더 구체적이고 정확한 발음의 문자를 만들어 썼다면, 조선(한국)인은 강대국 음가들이 간소화되고, 몇 개의 발음을 줄여서 내는 합음(合音, ㄱ ㅋ 은 ㄱ으로, ㄷ ㅌ은 ㄷ으로)을 만들어 썼다. 발음이 좀 흐릿하다.

2. 한민족 디아스포라의 문자
-한글 받침 ㄱ ㄹ ㅂ과 히브리어의 공통점-

 중국이 아편전쟁 이후 150년 만에 중화문명을 재굴기 시키고 있다. 미국세력의 약화를 틈타 이제는 중(中)-러가 중일 분쟁지역 인근 해역에서 중·러 합동 군사훈련인 '해상연합-2014' 개막식을 열었다. 이는 한반도를 위협하는 군사력의 과시요 일대 대(해)양세력 미·일의 세력을 견제하는 군사동맹이다. 그 가운데 한반도는 단군역사 5000년 동안의 영토를 벗어나 온 세계에 퍼져 나아가 해가지지 않는 한민족 생활권을 이룩하고 있으며, 한반도로 온 동남아 이주민들의 다문화 사회를 형성하면서 한민족의 위상이 요청되는 시대를 살고 있다. 중-러-일에 비해 영토, 민족, 군사력은 작아 보이겠지만, 경제, 문화에서 특별히 한글 문자에서 아시아 국가와 서방국가에 영향력을 행사할 수 있다고 본다.
 중국이 그 어려운 상형문자를 한어병음방안의 로마자로 표기하면서 세계화하려고 안간힘을 쓰지만, 세계인에게 친숙하기 어렵다. 일본어 역시 음절문자를 가졌지만, 세계 언어 발음에는 엄청난 제약의 굴레를 스스로 지니고 있다. 유럽의 알렉산더 대왕이 세계정복을 위해 그리스(헬라)문자를 전하면서 헬레니즘을 확장시켰던 바와 같이 우리는 한글로 로마자를 음역 표기할 수 있는 기반을 갖추고 있다는 사실이다. 설령 우리가 영어 F, V, W, Th발음을 똑같이 못해도 한글표기는 가지고 있어야 하지 않겠는가? 라고 한국의 식자(識者)들이 입을 모은 지 오래다. 더욱이 돈을 벌러 온 세계인들은 그들의 문자의 음절 억양표기(악센트)와 영어와 비슷한 사이음들을 본래적으로 가지고 있다. 이는 아직 한글에는 없는 문자요,

음가들이다. 이에 대해서 부족한 것을 보완하는 것이 곧 한글의 세계문자화 작업이다. 세계에 나가 있는 한반도 국민에게 발음이 아주 같지는 못해도 로마문자 음가를 발음하는 그와 같은 한글 문자 표기가 있어야 하며, 한반도에 거류하는 세계인들이 그들의 발음을 한글로 표기하여 자기들 문자발음과 편안하게 일치감을 갖게 하는 것이 필요하다.

ㄱ ㄹ ㅂ 자음 받침 없는 중국어 및 라틴어

한글은 중국 한자음과 다르게 자음과 모음을 모아서 쓰는 표음문자로 로마자와 가깝지만, 고대 히브리어와 똑같다. 성서 히브리어 자음은 아래에 모음을 붙인다. 예를 들면 자음 베트 ב는 아래 장모음 카메츠 아를 붙여서 בָ bā '바ː'를 표기한다. 단 한글 모음에 단 모음과 장모음 표기가 없다는 것이 다를 뿐이다. 그래서 세계에서 자음 아래 모음을 붙이는 문자는 한글과 히브리어 뿐이요, 이와 동시에 한자음(漢字音) 입성 음 즉 4성음, 평 상 거 입(平上去入 ā á ǎ à)에서 빠르게 막히는 받침 자음 아 à와 같이 빠르게 막히는 ㄱ ㄹ ㅂ 받침들(입성 음)이 한자음에서는 찾아 볼 수 없다는 사실이다. 예를 들면 ㄱ 받침들 직(職)은 zhi, 각(覺)은 jué, 약(藥)은 yao, 옥(屋)은 wū, 석(錫)은 shi 로, ㄹ 받침들 월(月)은 yuè, 물(物)은 wù로, ㅂ 받침들 집(緝)은 jī 로, 엽(葉)은 yè 로 발음한다. ㄱ ㄹ ㅂ받침이 대개 모음 i e o u 으로 끝난다. 중국인과 일본인은 한글 받침 ㄱ ㄹ ㅂ을 자음으로 발음하지 못한다. 뿐만 아니라 로마인들 역시 자음 모음 아래 받침이 원래부터 없었다. 이를테면 히브리어 본문 중 고유명사(지명과 인명)에 그런 사례가 나온다. 예를 들면 이츠하크의 아내 립콰 רִבְקָה ribkâ 가 불가타 역본에 Rebecca '레백카'로 표기됨으로 '립'의 ㅂ 받침이 '레베'로 변음된 것을 본다(70인 역도 같음). 이츠하크 צְחָק? yiṣḥāk 이즈ㅎㅏㄲ (훈민정음 음가표기)를 불가타 역은 Isaac으로 표기했다. 원래 로마자에는 자음 ㅊ이 없어 ㅅ으로 대신 바꿔서 썼다.

지명(地名) 야라ᅘ יָרַח yārah는 불가타 역본에 야레 Iare로 표기되었다. 로마자에 ㅎㅎ 쌍 자음이 없어 'e'로 바꾸어 표기한 것이다. 나중에 독일어 번역은 독자적으로 Jerach로 정확하게 표기하였다.

3. 훈민정음을 활용한 히브리어 음가 표기 방안

연구 동기와 목표 그리고 창조 문화적인 제안

　필자가 신학대학교의 필수 기초과정 히브리어를 강의하면서 부딪혔던 것은 히브리어의 한글 음역을 위한 한글 음역 표기이다. 히브리어의 라틴어(로마자) 음역은 이미 국제음성 기호(1910-1976년)에서 1977년의 통일안으로 결정되어 세계적인 공식 음역 표기로 사용되고 있다. 그래서 우리는 히브리어 자음 22(23)와 모음들, 반모음(셔와 ְ ,라틴어 ə , 힌디어 ऋ, 훈민정음/한글 아래아 ㆍ ㆍ̣ 등; 이에 대해서 인터넷 문자표 입력을 위해서 '유니코드, 한글, 사용자 영역(고어 포함) 참조)을 비롯하여 히브리어 단모음(파타흐 אַ a), 장모음(카마츠 אָ ā), 최단모음(하테프 파타흐 אֲ ă), 최장 모음 (וֹ ô 오-)을 괄호의 설명대로 라틴어 음역을 국제적으로 공식 음가 발음부호로 사용하고 있다. 이런 히브리어 문자의 음가를 라틴어 음가로 확장시킨 것은 역사적으로 독일의 독문학자요 구약 성서학자 H. Gunkel이 창세기 주석 1901~1902년 초판과 1910년 3판에서 히브리어를 위한 부호문자(符號文字)를 창안하여 쓰면서부터였다. 이는 1908~1909년에 채택된 독일 라틴어 음역 표준 규칙에 초석이 되었다. 1910년 세계 최초의 라틴어 표기안이 나왔다.

1) 히브리어 문자의 난해성(難解性)

　본 논문은 고대 문자나 현대 한글의 형성 역사와 그의 학문적인 연구를 다루기보다는 실용적인 차원에서 이미 형성되어 쓰이는 문자와 연구된 자료를 종합하여, 현실적인 필요성을 위해 실용적인 관점에서 한글의 과학적-미학적인 그리고 발성학적인 체계를 현대적-세계적인 체계로 수정(修整)함과 동시에, 우리만의 한글을 세계인들이 불편하지 않게, 서구의 로마자 못지않게 '동방의 로마자' 즉 '세계 문자'로 익히고, 쉽게 읽으면서, 세계 공용 문자로 발돋음 하려는 데 있다. 그 이유는 무엇인가? 우선 중국의 한어(漢語)는 20세기에도 국가적으로 간체자(簡体字) 2235개를 간화자총표로 편찬하여, 라틴어의 자모(子母)를 이용한 한어병음방안(漢語拼音方案, 1958년, 2월 비준 공포)을 채택하여 현대 중국어 보통화의 음성을 표기하였다. 세계 각국이 중국의 인명, 지명을 한어병음방안을 기초로 한다.

특히 중국어 보통화에는 성모(자음)가 22개이다. 그 중 하나는 영성모(零聲母)이다.

22개 자음(성모)을 라틴어로 음역하면, b, p, m, f, d, t, n, i, z, c, s, zh, ch, sh, r, j, q, x, g, k, h (영성모) 22개이다. 이런 자음 가운데 f (훈민정음 ㆄ), zh(ㅿ), ch(ㆅ, ᅚ (연서)), sh(훈민정음 정치음 ᄼ), 그 외 wu(ㅸ), yu(ㆁ)는 훈민정음 자모 28개중, 지금은 사라진 3자음(ㅿ, ㆁ, ㆆ)이나 이체자들과 비교된다.

필자가 난해한 히브리어 자음 22(23)개를 설명하기 위해서 좀 길게 중국어 한어병음방안과 보통화를 예로 살펴보았다. 그 이유는 중국어 보통화 성모(자음)가 수적으로 히브리어 자음의 22개와 같다는 데에 있다.

그 다음 인도 힌디어 데바나가리 प ㅃ, ㆄ, ब ㅂ, ㅹ, त्त, थ (th), द ㄷ, ध ᄃ, ट ㄸ, ठ ㅌ, ड ㄷ, ध ᄃ, क ㄲ, ख ㅋ, ग ㄱ, घ ᄀ 는 파열 음으로 구강을 완전히 막아 압력이 높아진 공기의 흐름을 순간에 내뱉으면서 발음 한다.

ㆅ ㆄ, ᄛ ᄛ, ब ㅸ(v-w); ऄ ㆁ (Y); 힌디어 모음 11개, 자음 35개 참고. ऄ ᄝ(aw, 오우 장모음), 반모음 워 ऄ w는 ㅸ, 히브리어 ו에 해당한다.

그리고 우리말 훈민정음의 '아래 아' (ㆍ)는 히브리어 셔와 (׃

ㅓ), 힌디어 '어' अ (어와 아의 중간 발음), 영어 the(ðə), 일본어 す(수와 스 사이 중간음)에 해당한다.

<6개국 훈민정음 힌디어 히브리어 라틴어 중국어 일본어>

훈민정음 ㅂ ㄱ ㄷ ㅋ ㅍ ㅌ ㅃ/ㅂ ㄲ ㄸ ㅋ ㅛ ㅌ
데바나가리(힌디어) भ घ ध ख फ थ
히브리어 בגדכפת
라틴어 bh gh dh kh ph th
         b̲ g̲ d̲ k̲ f̲ t̲
중국어 fa
일본어 ば が だ か ぱ た

일본어 탁음은 히브리어나 힌디어의 연음(軟音,유기유성음)보다는 강한 음이며, 일본어에는 훈민정음, 힌디어, 히브리어, 라틴어의 연음 발음 표기가 불가능하다.

2) 훈민정음 활용은 부호문자인가 새 문자인가?

위에서 언급한 바와 같이, H. Gunkel이 구약의 히브리어가 읽기 어려워서 라틴문자에 부호를 첨가해서 라틴 문자로 히브리어 자모(子母)를 음역하여 읽었다. 이는 두 가지를 편하게 하였다. 첫째로 오른쪽에서 왼쪽으로 써 나가는 히브리어를 라틴어로 음역함으로써 라틴어와 같이 왼쪽에서 오른쪽으로 문자를 써도 되었다. 둘째로 그리스어나 라틴 글자와는 판이하게 다른 히브리어 자음과 모음을 라틴어 알파벳을 기본 삼아 강음(强音 다게쉬 포르테 ח = ḥ 즉 h 아래에 강음 부호 점·을 추가, ט = ṭ 즉 t 아래에 강음 부호 점·을 추가), 연강음(軟强音 다게쉬 레네 ב = b 즉 우리 말 ㅂ/ㅃ)과 연음(軟音 즉 베가드케파트 6자음들로서 연강점이 없는 ב = b̲ 즉 b 아래에 연음 부호 '가로 막대기'를 첨가 v 자, ㅸ)부호를 라틴어의 제2의 (부호)문자로 창안 하였다.
이에 대한 총괄적인 라틴어 문자를 보면 아래와 같다 :

① 강음 자음들(겹자음, 된 소리)은 12개이며 히브리어 정상자음과 그에 대한 라틴어 음역과 훈민정음 음역을 붙여서 예시하면 다음과 같다:
ש (쒼 šš ᄴ), שׂ (씬 śś ᄊ), ק (콥프 qq ㅋㅋ), צ (차데 ṣṣ ㅊㅊ), ס (싸멕 ss ㅆ), נ (눈 nn ㄴㄴ), מ (멤 mm ㅁㅁ), ל (라메드 ll ㄹㄹ), י (요드 jj ㆁㆁ), ט (텔트 ṭṭ ㅌㅌ), ז (자인 z ㅈ), ו (봐브/ 뢒브 ww ㅸㅸ)

② 연강음들(겹자음이 아닌 된 소리 자음들)은 6개이며, 히브리어 베가드케파트, 즉, ת (타우 t ㅌ), פ (페 p ㅍ), כ (카프 k ㅋ), ד (달레트 d ㄷ), ג (기멜 g ㄱ), ב (베트 b ㅂ)

③ 연음들(연강점이 없는 베가드케파트)은 부드러운 약한 유기 유성음에 해당한다.
히브리어 6자음 오른쪽에서 왼쪽으로 쓰면, ת/th פ/ph כ/kh ד/dh ג/gh ב/bh 이다.
오른 쪽에서 왼쪽 방향으로 히브리어 6자음을 훈민정음으로 표기하면 다음과 같다:
ㅌ(연서 蓮書) / ת, ㄱ / ג, ㄷ / ד, ㅋ / כ, ㅍ / פ, ㅃ / ב 으로 표기할 수 있겠다.

이는 훈민정음의 이체자들(ㅱ aw) ㅸ/ㅹ(w와 v 음가) ㆆ(hr) 퓽 (f/ph)에 해당한다. 이런 연음(軟音)들이 현행 한글체제에는 없으나, 세계적인 문화국가 인도 힌디어, 고대 이스라엘 히브리어, 그리스어, 라틴어 그리고 중국어는 부분적으로 연음들을 쓰고 있다. 서구인들이 한글의 우수성을 극찬하는 것은 한글보다는 15세기 '훈민정음' 28자와 이체 자들이 과학적-수학적이며 미학적인데 비중을 두는 것 같다. 그와 동시에 한글을 아는 지구촌 세계인들이 한글의 제한적인 자모의 숫자를 지적하면서, 그들의 연음인 F(풍), V(뼝), W(붕) 그리고 국어학자 김두봉 선생님이 지적했던 Th(ㄲ와 θ) 음가가 한글에 없는 것을 비평하고 있다. 이런 문제는 신학대학에서 그리스어(헬라어)와 히브리어를 읽는 데서도 자주 거론되고 있다. 현재는 한글로는 대충 표기하는 형편이며, 주로 라틴어 음역인 국제 통일안을 따로 배워 읽어야하는 이중 부담이 있다. 그럼에도 한글이 훈민정음의 28자와 이체 자를 활용하면, 표의문자인 중국의 한어(漢語)와 표음 문자인 일본어의 음절문자(音節文字)가 할 수 없는 훈민정음의 자모를 라틴어와 동등하게 활용하여 세계인에게 - 현재는 한국어를 배워야 하는 다문화 가정을 위해서라도- 편리하게 쓰이는 미래창조 문화의 문자로 기여할 수 있다고 본다.

히브리어 연음자음 베가드케파트의 음가에 대해서는 위에 1)히브리어 문자의 난해성에서 세계 문자들과 비교하여 음가 표기를 설명하였으니, 그것을 참고하면 된다.

3) 세계 정음으로서 훈민정음의 활용 방안(方案)

훈민정음은 중세국어로 연구되면서 엄청난 연구 결과들이 쌓여 있지만, 그런 연구가 현행 한글과는 동떨어진 상태에서 훈민정음의 현대적인 활용은 관심 밖이거나 부정적인 평가를 받고 있는 것 같다. 한글 자모 24자 외에 무슨 문자가 또 필요하다는 것인가 하는 것이다. 즉, 한글에 없는 것은 외국어나 외래어적인 것을 빌려서 쓰면 편하다는 것이다. 더 이상 한글 24자 체제는 건드리지 말라는 것이다. 같은 문자이지만, 한글은 국어 학자가 연구하고, 중세국어는 훈민정음 학자가 연구하면 되는 것이지, 이제 와서 훈민정음을 활용해서 한글에 넣어서 우리말에 없는 외국어 음가를 위해서 한글로 자모를 늘린다는 것은 혼란스럽고, 많은 불편을 주는 시대를 역행하는 처사라고 배척한다. 이런 사례는 역사적으로 그리스 문자의 '고전문자'(기원전 5세기경)가 '코이네 문자'(기원전 3세기-기원 후 5세기)로 축소된 사례가 있다. 그럼에도 주의 깊게 보면, 고전 그리스 문자가 코이네 문자에서 악센트 부호는 감축되었어도, 그들의 자모의 음가(音價)는 유지되었다.

현재 라틴어 문자를 보자, 라틴어 발음은 크게 두 가지로 나뉘어 쓰인다. 1. 이탈리아 학교나 로마 카톨릭 교회가 그리고 라틴계 프랑스, 스페인과 남미 권 국가들에 의해서 로마 발음'이 쓰인다면, 2. 르네상스 시대 고전 문헌에 근거한 발음인 고전 발음은 국제 학술 대회에서 영미-독일계 학자들에 의해서 유지되고 있다. 즉 로마 라틴어가 두 가지 이중 음가체제로 쓰이고 있으니 그 실례를 다음과 같이 볼 수 있다:

라틴어 본문　Non Scholae Sed Vitae Discimus (Seneca의 글)
고전 발음　　논 스콜라에 세드 뷔타에 디스키무스
로마 발음　　논 스콜래 세드 비떼 디쉬무스

고전 발음으로 알파벳이 (국어학 동국정운 23 자모 중 차청음(次淸音))c ㅋ, p ㅍ, t ㅌ, v ㅸ/ㅂ로 발음 된다면, 로마 발음(동국정운 전탁음(全濁音)에 해당 됨)은 c ㄲ, p ㅃ, t ㄸ, v ㅂ으로 각각 다르게 발음 된다. 그리고 고전발음은 Sc를 ㅅㅕ 로, 로마발음은 sc를 쉬(정치음 ㅅ)로 발음하는 것이 주목 된다. 고대적인 음가들이 현재에도 함께 쓰이며, 본토 주민들과 남부계열은 고대적인 음가들을 변음(음운추이) 시켜서 발음한다면, 북부 계열은 라틴어의 고전 발음을 그대로 쓰고 있다는 점이다. 이런 라틴어의 사용은 실생활에서 쓰이며, 일종의 부호문자(符號文字)는 아니다. 마치 일본어 히라가나(ひらかな)는 본토언어로, 가타카나(カタカナ)는 외래어 표기(지명, 인명 등)로 혼용되어 쓰이는 것과 비교 된다.

그 다음 훈민정음의 ㅸ 제자원리는 15세기 조선인 말과 발음에 없었지만, 외국인이 쓰는 문자의 음가를 표기 하고, 외국어 문헌과 외교 문서를 읽고 해독하기 위해서 별도로, 즉 훈민정음의 이체자(異體字)로 제자해 두었던 것 같다. 특히 서장인(西藏人)들이 인도 산스크리트어의 유기유성음을 무기무성음 밖에 음을 내지 못하는 것과 같이 조선인들도 자음의 연음인 유기유성음을 무기무성음으로 내는 언어습관 때문에 ᄫ 제자 원리에 따른 ᅘ hr ᄝ au/aw ᄫ w ᅗ f/ph이 따로 있었던 것 같다.

4) 한국어 형성기의 유기음(有氣音) 대 무기음(無氣音) 고찰

참고 문헌: 정광, 삼국시대한반도의 언어 연구-고구려어의 역사 비교 언어학 적 연구를 중심으로-, 2011. (한국어는 신라어를 모태로 하였지만, 중세한국어 특히 훈민정음에서는 고구려어가 저층(底層)을 이루기 때문에 고구려어와 신라어와의 관계를 살피는 것이 중요하다고 본다. 특히 상게서 423-436 참조.)

상세한 연구는 국어 학자들의 몫이요, 필자는 그들의 연구 결과를 근거해서 히브리어와 훈민정음의 자음들의 음가를 비교하면서, '음운추이'(音韻推移, 음운 변화)에 비중을 두어 훈민정음의 활용과 기존 훈민정음의 ᄫ 제자원리를 확장하는 방안도 제시한다.

고구려 주변의 언어들은 알타이 제어로 알려졌지만, 고구려와 신라의 자모들은 인도게르만어와도 공통된 음가들을 가진다. 특히 훈민정음의 전청(全淸), 차청(次淸), 전탁(全濁)은 물론이요, 불청불탁(不淸 不濁)음 중에 사이 음, 여린 음들인 ᄫ(w) ᅗ(f) ᅓ(v) ᄝ (aw)은 훈민정음의 이체 자들로서 사라진 4자모들 ᅙ ᄋ ᅀ 과 아래아 ㆍ와 함께 외국어 음가를 위한 음운추이로 검토할 수 있는 중요한 문자라 여겨진다. 이런 여린 음들이 고대 인도 산크리트어 즉 '데바나가리' 자모와 가까운 것도 볼 수 있다.

역사적으로 한국어의 유성음과 무성음의 관계는 한국어 형성기의 언어인 고구려어 ㅂ ㄷ ㄱ ㅈ ㅅ ㅁ ㄴ ㅇ ㄹ 이 고대 한국어 ㅂ ㅍ, ㄷ ㅌ, ㄱ ㅋ, ㅈ ㅊ, ㅅ, ㅁ, ㄴ, ㅇ 으로, 전청에서 차청으로 음운 추이한 변화를 볼 수 있다. 특히 신라어의 유기음의 발달은 한자(漢字)의 차청음(ㄱ -ㅋ, ㄷ - ㅌ, ㅈ - ㅊ, ㆆ - ㅎ 등의 음운 변화)이 들어와서 무기음 전청(ㄱ ㄷ ㅂ ㅈ)과 구별되어, 유기음이 발달한 것이요, 이는 현대 한국어가 영어의 영향을 받아 어두의 r과 l의 발음을 구별하여 쓰는 것과 비교 된다.[35] 그럼에도 기독교인이 성경의 지명과 인명에서 원문원어의 차청음(Paul 파울)을 전청음(Paul 바울)으로 부르는 것, 즉(P) ㅍ을 (B)ㅂ으로 발음하는 것은 시대를 역행하는 언어 습관이라 하겠다.

자세히 지적하면, ㄱ/ㅋ을 ㄱ으로, ㄷ/ㅌ을 ㄷ으로, ㅂ/ㅍ을 ㅂ으로 혼합 내지 통합(統合)해서 쓰는 습관이다. 예를 들면, Peter '피터'를 '베드로'로, Christ '크리스트'를 '그리스도'로, Philiph '필립'을 '빌립보'로, Canaan '카나안'을 '가나안'으로 음운추이한 표기들이다.

하루바삐 음운추이(변화)가 시대에 맞게 실행되어야 하겠다. 이런 맥락에서 필자는 외국어의 원음주의를 즉 우리의 훈민정음과 한글로 원음대로 전청음(외국어 k, t, p가 g, d, b로 변한 음)은 차청음(k/ㅋ, t/ㅌ, p/ㅍ)으로 바꾸어 문화 창조를 실행해 나가야함을 역설하는 것이다. 다시 말해서 훈민정음이 고대 인도 데바나가리 자모, 중국의 한어를 참고해서 세계 언어의 음가들을 훈민정음의 사라진 4 자모와 이체자를 제자하여 창제한 것을 현대 서구 언어와 셈어-인도게르만 언어 음가 표기에 활용하자는 것이다.

5) 사라진 자모 4개와 ㅸ 제자 원리 살펴보기

훈민정음 28자에는 ㅿ(사이 시옷), 꼭지 이응(ㆁ), 된 이응(ㆆ)과 반모음 아래아(ㆍ)가 있었다. 음가적으로 힌디어 자음과 사라진 자음의 음가가 일치하는 것이 주목된다.

ㅿ = ज/झ (j/jh), ㆁ = य (y), ㆆ = (ऽ), 아래아 ㆍ = अ (어 와 아 중간 발음);

ㅸ 제자 원리에 해당하는 자음들 ㅭ ㅱ ㅸ ㅹ 퐁도 힌디어 '데

---

[35] 정광, 상게서, 435쪽.

훈민정음을 활용한 히브리어 음가 표기 방안 | 125

바나가리'와 가깝다.
　ㅭ = ढ़ (rh 반설음/권설음), ㅱ = ऒ/औ (장모음 '오'/'오우'), ㅸ = ㅂ (w 양순음), ㅹ = षभ (bh/v양순음), ㆄ = फ़ (ph, 순치음)

힌디어(데바나가리)와 히브리어 자음 비교
아치설순(牙齒舌脣) 연음(軟音)과 베가드케파트 자음

양순 음　　치(설)음　　연구개음
ㅍ p पप　　ㅌ t त ת　　ㅋ k क ק
ㆄ ph फ़ ף　　ㅌ̈ th थ ת　　ㅋ̈ kh ख़ כ
ㅂ b बב　　ㄷ d द ד　　ㄱ g ग ג
ㅹ bh भב　　ㄷ̈ dh ध ד　　ㄱ̈ gh घ ג

위에 힌디어, 히브리어, 라틴어 음역과 훈민정음 이체자 (ㅹ ㆄ 등)는 히브리어 6개 자음 베가드케파트의 연강음(軟強音 בגדכפת)과 연음(軟音, בגדכפת)과 공통된다.
그런데 히브리 음역을 위한 라틴 음역 국제 통일 안(1977년)은 히브리어 연음 자음을 2가지 체제로 만들어서 쓰고 있다: 자음에 h를 붙이거나, 자음 아래 가로 막대기 -를 긋는 자형이다.

ב bh/ḇ, ג gh/ḡ, ד dh/ḏ, כ kh/ḵ, פ ph/f, ת th/ṯ
우리 훈민정음은 이체자 ㅭ ㅱ ㅸ ㅹ ㆄ 이 있어, 그 중에 ㅱ (aw) 소운자는 히브리어의 중모음 아우/아ㅸ וֹ 로, ㅸ은 접속사 וְ (wə)로, ㅹ은 בְּ (bə)로, ㆄ 은 פ (ph/f) 로 표기해서 쓸 수 있겠다. 그럼에도 훈민정음의 연음 자음들은 아직도 힌디어(데바나가리)와 히브리어 연음에 비해서 ㄱ̈ (घ ג) ㅋ̈ (ख़ כ) ㄷ̈ (ध ד) ㅌ̈ (थ ת) 4개의 연음들이 부족하다.
이런 자음들의 연강음과 연음 체제가 힌디어와 히브리어에는 쓰이지만, 훈민정음은 우리가 쓰는 정상 자음 17개(추가 자음 ㅿ ㆆ ㅇ 포함) 밖에 따로 이체자 ㅭ ㅱ ㅸ ㅹ ㆄ ㆅ 6 개를 두었지만, 이런 6개 자음은 우리가 쓰는 자음이 아닌 외국어 즉 외국인이 쓰는 자음들이기 때문에, 외교 문서나 불교 등 종교문헌을 읽기 위해 제자(制字)했던 것 같다.

6) 일본어 청음(淸音), 탁음(濁音) 반탁음(半濁音)과 연음(軟音) 대조(對照)

우리 이웃 일본어는 히라가나와 가타카나(カタカナ)를 쓰는데, 이런 가타카나는 헤이안 시대(9세기 경)에 스님들이 불경을 읽기 위한 보조 기호나 발음을 표기하기 위해 쓰여진 문자라고 한다. 이는 주로 외래어 표기를 위해 쓰인다. '가타카나'에서 'カ'는 전청, 차청/청음, 탁음 구별 없이 우리말로 ㄱ ㅋ으로 합음(合音)하는 것 같다.

우리말의 차청(ㅋ ㅌ ㅍ, 동국정운위 23자모표 참조)이 일본어에서는 청음(淸音)에 해당한다(예 か ka, た ta, と to).

그 다음 일본어 탁음(濁音) 가기구게고(がぎぐげご)는 우리 말 전청음으로 표기되지만, 일본어의 청음 카키쿠케코(かきくけこ)보다 부드럽고 연하게 발음한다. 그리고 반'탁음 파피푸페포/빠비뿌뻬뽀(ぱぴぷぺぽ)는 하 は 행 오른 쪽 위에 반탁점˚을 붙인다. 이는 우리말에 차청(次淸, ㅋ, ㅌ, ㅍ)과 전탁(全濁, ㄲ, ㄸ, ㅃ)에 해당한다.

정리

정리해서 보면, 일본어 탁음은 가 か 행 오른 쪽 위에 탁점˚(が 가)을 붙이지만, 힌디어와 히브리어의 다게쉬 레네 '연강음'이 없는 '연음' bh/ḇ/v, gh/ḡ/γ, dh/ḏ/ᴺ, th/ṯ/θ 음가 표기는 안 된다. 왜냐하면 일본어의 다 だ 는 한글 ㄷ 의 음가 이지, ㄷ 보다 약한 음

은 안 되기 때문이다.[36]

어떻든 훈민정음 ㅸ 제자원리에 근거한 사이 음, 연음 자음 음가는 일본어의 탁음과 반탁음으로 할 수 없는 힌디어, 히브리어의 연음 음가에 일치하는 음가표기를 찾아 활용할 수 있다는 결론에 이르렀다.

7) 세계문자의 조건

① 자음 20개는 갖추어야 한다. 힌디어 자음 35개, 모음 11개, 히브리어 자음 22(23)개, 그리스어 17개, 라틴어 21개, 중국어 21(22)개, 훈민정음 21개(한글 14개와 ㅿ ㆆ ㆁ 와 ㅇ ㅭ ㅃ ㅸ ㆄ ㆅ 포함).

② 두 개의 구강부위 조합음가(組合音價) (아치설순 연음, 히브리어 베가드케파트),

③ 모음의 장단과 최단, 최장 모음 (히브리어 단모음 파타흐, 장모음 카메츠, 최단 모음 하테프 파타흐, 최장 모음 롱 홀렘), 영어(단모음, 장모음),

④ 악센트 표기: 그리스어 에큐트, 써컴플렉스, 그레이브(ά, ᾶ, ὰ), 중국어 제1성, 제2성, 제3성, 제4성(- , ╱, ∨, ╲), 프랑스어 트레마, 악상떼귀, 시르콩플렉스, 악상그라브 (ï, ά, ĉ ^ , `), 평상거입(平上去入, 평은 만물이 서서히 피어난다 (-), 상성은 들어 올린다 (╱), 거성은 들어올리고도 씩씩하다(~)그리고 입성은 빠르고도 막

---

[36] 이에 대해서 Ernst Jenni, Lehrbuch der Hebaeischen Sprache des Alten Testaments, 1978, 27쪽에 [ḇ]는 [v], [ph] 는 [f], [ḏ] 는 [ㆆ , father], [ṯ] 는 [θ , thank], [ḡ] 는 [γ, Wagen], [ḵ] 는 [x , kochen] 을 참고. 위에 ḏ / ㆆ는 ㄷ̆으로, ṯ / θ 는 ㅌ̆ 으로 제자 가능(制字) 하다.

힌다(ヽ)은[37] 4계절의 기운에 따라 중국어 4성과 비교하여, 훈민정음 악센트로 활용이 가능하다고 본다.

⑤ 세계문자 음가들 중 특히 라틴어는 '고전발음'으로 차청 음 (c/ㅋ, p/ㅍ, t/ㅌ), v/ᄫ,ㅸ)과 '로마 발음'으로 전탁 음 (c/ㄲ, p/ㅃ, t/ㄸ, v/ㅂ)이 병행해서 쓰여 진다면, 일본어는 자음의 청음(淸音)을 어두에서 우리 말 'ㄱ 과 ㅋ' 즉 차청 음에 가깝게 쓰거나(か 카, ka) 어중과 어말에서 전 탁음에 가까운 'ㄲ'으로 혼용해서 발음한다.[38] 특히 라틴어 고전발음의 차청 음 중 Vitae 'ᄫ타에'가 로마 발음 전탁 음 '비떼'로 쓰이는 것은 로마자 'Vitae' 음역을 위한 훈민정음의 ᄫ타와 비떼에 비교된다.

⑥ 별지 도표: 한글 로마자 알파벳 발음/악센트 연음 자음 아치설순 음가 (히브리어 베가드케파트) 표기 안 - 연음은 약음/부드러운 음이라 ㄱ ㄷ ㅂ ㅋ ㅌ ㅍ 상위에 이응 'ㅇ'을 즉 연음소 여린 비읍의 'ㅂ' 아래 'ㅇ'을 'ㅂ' 위에 'ㅇ'으로 한 것은 한 음절 종성(받침) 또는 중성 모음과 부딪히는 감을 피하여, 공간을 넓게 하려는 뜻이며, 이는 'ㅎ' 위에 'ㅗ'획처럼 'ㅂ' 위에 'ㅇ'을 붙인 것이다. 훈민정음의 여린 비읍(연서 ㅸ)을 수정(修整)한 것이다.

⑦ 별지 도표 훈민정음 4성 표기

8) 조선어학사의 훈민정음 학자들에 대한 연구사적 평가

20세기 초기에 권정선(1848-1923)은 음경(音經, 일명 정음종훈, 1906, 1916판)을 쓴 동기에서 'ㅸ 제자원리'(ㅸ ㆄ ㅹ ㅱ)의 이체자를 설명했지만, 받아들여지지 않았다. 그러나 그는 조선 글자의 훌륭함을 3가지로 말하였다: 1. 조선 글자가 훌륭함에도 어리석은 백

---

[37] 조규태, 『번역하고 풀이한 훈민정음』, 45-46쪽: 평성은 '활'이요, 상성은 ' : 돌'이요, 거성은 '·갈'이요, 입성은 '붇'이다 참조.
[38] 오현정, 하스이케 이즈미 외 공저, 『다이나믹 일본어』, 2011년, 15쪽 참조.

성이 일반적인 생활에만 쓰고, 서사규범이 혼란한데도 이를 바로 잡지 않은 채로 있으니 이를 바로잡으려 함이다, 2. 거국적으로 조선 글자가 많이 쓰이므로 그 진수를 발명하여 국내와 국외의 사람들에게 바르게 학습할 수 있도록 천하의 준거를 만들고자 함이다, 3. 외국어의 벽음(보기 드문)까지도 표기할 수 있도록 조선 글자의 기본 원리를 고찰하여 필요한 새 자모(子母)를 만들고자 함이다.[39]

훈민정음 반포 후 자모 28개(나중 한글 24개)의 부족함을 지적한 유희의 언문지에는 교정된 초성 자음들'이 제시되어 있다: '광운'이 36 자모, '집운'이 36 자모, '운회'가 35 자모, '홍무정음'이 36 자모이다.[40]

이는 훈민정음의 28자모, 한글 24자모 수보다 8내지 12개가 더 많다.

만일 현행 한글 24자모에 아치설순 연음(軟音) 자음 6개와 반모음 아래아 ㆍ를 포함하면 31자모가 되는 셈이다. 논자의 아치설순 연음 자음과 사성통해 평상거입(平上去入)은 동서양을 막론하고 지구촌 사람들이 한글 음가의 제한성에서 벗어나, 훈민정음 기본 원리에 근거해서 서구 언어의 모음의 장단(長短)과 음의 고저 악센트(트레마, 악상떼귀, 시르콩플렉스, 악상 그라브; 중국어 4성)를 시청각적(視聽覺的)으로 활용하여 쉽고 편하게 쓸 수 있다고 본다.

단순 표음 문자인 '현행 한글' 즉 연음과 악센트 표기가 없는 '한글'은 청각적인 문자일 뿐인데,

'훈민정음'은 연음과 평상거입을 갖춘 시각적(視覺的)-청각적(聽覺的)인 문자(文字)이며, 동방의 로마자'이다. 중국의 한자어는 의미상형과 음의 고저 문자로, 일본어는 음의 음절과 장단문자라면, 훈민정음은 '음의 상형, 음의 장단, 고저를 갖춘 과학적-미학적인 문자이다.

---

[39] 허동진,『조선어학사』, 210-212 쪽 참조.
[40] 허동진, 상게서, 188쪽 참조.

우리는 훈민정음 연구가들을 최석정(1678 년)을 비롯해서 신경준(1712-1781, 훈민정음 운해)과 유희(1773-1837, 언문지)의 음운학을 꼽을 수 있으며, 주시경(1910, 국어 문법)의 문법학을 꼽을 수 있겠다. 그리고 어음 연구에 권정선은 현대적 언어 이론에 기초하여 연구한 마지막 학자라는 데 주목한다.

정리

자음	○	●
	연음소	강음소

모음	─	/	~	\	⌣	^
	평	상	거	입	최단모음	최장모음

갸 갸́ 갸̃ 갸̀ 갸̆ 갸̂

갸 갸́ 갸̃ 갸̀ 갸̆ 갸̂

훈민정음을 활용한 히브리어 음가 표기 방안 | 131

방석종의 아치설순(牙齒舌脣) 연음 자음 음가표기 I

󰀀가	다	󰀀바	󰀀카	타	󰀀파
󰀀갸	댜	󰀀뱌	󰀀캬	탸	󰀀퍄
󰀀거	더	󰀀버	󰀀커	터	󰀀퍼
󰀀겨	뎌	󰀀벼	󰀀켜	텨	󰀀펴
󰀀고	도	󰀀보	󰀀코	토	󰀀포
󰀀교	됴	󰀀뵤	󰀀쿄	툐	󰀀표
󰀀구	두	󰀀부	󰀀쿠	투	󰀀푸
󰀀규	듀	󰀀뷰	󰀀큐	튜	󰀀퓨
󰀀그	드	󰀀브	󰀀크	트	󰀀프
󰀀기	디	󰀀비	󰀀키	티	󰀀피

방석종의 라틴어 음역 아치설순 연음 자음 II

가	다	바	카	타	파
ça	ɒa	va/wa	χa	Θa	fa/pha
갸	댜	뱌	캬	탸	퍄
çya	ɒya	vya/wya	χya	Θya	fya/phya
거	더	버	커	터	퍼
çoe	ɒoe	voe/woe	χoe	Θoe	foe/phoe
겨	뎌	벼	켜	텨	펴
çyoe	ɒyoe	vyoe/wyoe	χyoe	Θyoe	fyoe/phyoe
고	도	보	코	토	포
ço	ɒo	vo/wo	χo	Θo	fo/pho
교	됴	뵤	쿄	툐	표
çyo	ɒyo	vyo/wyo	χyo	Θyo	fyo/phyo
구	두	부	쿠	투	푸
çoo	ɒoo	voo/woo	χoo	Θoo	foo/phoo
규	듀	뷰	큐	튜	퓨
çyu	ɒyu	vyu/wyu	χyu	Θyu	fyu/phyu
그	드	브	크	트	프
çə	ɒə	və/wə	χə	Θə	fə/phə
기	디	비	키	티	피
çi	ɒi	vi/wi	χi	Θi	fi/phi

I. 훈민정음 아치설순 牙齒舌脣 연음(軟音) 자음 ㄱ ㄷ ㅂ ㅋ ㅌ ㅍ 의 4성 표기

평 : 가̄ 다̄ 바̄ 카̄ 타̄ 파̄

상 : 가 다 바 카 타 파

거 : 가̃ 다̃ 바̃ 카̃ 타̃ 파̃

입 : 가 다 바 카 타 파

II. 훈민정음 아치설순 연음 4성 표기
연음 자음 6 개   ㄱ ㄷ ㅂ ㅋ ㅌ ㅍ

평 : 가̄ 다̄ 바̄ 카̄ 타̄ 파̄

상 : 가̊ 다̊ 바̊ 카̊ 타̊ 파̊

거 : 가̃ 다̃ 바̃ 카̃ 타̃ 파̃

입 : 가 다 바 카 타 파

III. 훈민정음 아치설순 자음의 4성 표기 (히브리어 음역)

파타흐(ַ a) 단모음

가 다 바 카 타 파

카메츠(ָ ā) 장모음

가̄ 다̄ 바̄ 카̄ 타̄ 파̄

하테프파타흐(ֲ ă)최단모음

가̆ 다̆ 바̆ 카̆ 타̆ 파̆

롱홀렘(וֹ, ô)최장모음

가̂ 다̂ 바̂ 카̂ 타̂ 파̂

IV. 훈민정음 아치설순 연음 자음의 4성 표기
(히브리어 음역)

파타흐(ָ a) 단모음
가 다 바 카 타 파

카메츠(ָ ā) 장모음
가̄ 다̄ 바̄ 카̄ 타̄ 파̄

하테프파타흐(ֲ ă)최단모음
가̆ 다̆ 바̆ 카̆ 타̆ 파̆

롱홀렘(וֹ, ô)최장모음
가̂ 다̂ 바̂ 카̂ 타̂ 파̂

4. 한글 4도(度) 음가표기의 세계화
-ㄸ (강경음), ᄃ̇ (연강음), ㄷ (정상음), ᄃ̣ (연음) -

Ⅰ. 서설(序說)

한글의 가획 여린 ㅸ 제자 원리

우리는 훈민정음 28자 중 자음 ㄱ ㄴ ㄷ ㄹ ㅁ ㅂ ㅅ ㅿ ㅇ ㆁ ㆆ ㅈ ㅊ ㅋ ㅍ ㅌ ㅎ 17자와 현재 4자(ㅿ ㆁ ㆆ ㆍ)가 빠진 14자만 쓰고 있다. 그러나 최근 지구촌 사회 속에서 동서양의 빈번한 왕래 속에서 상대방의 언어를 듣고 소통하는 일이 생활화됨으로써 직업적인 번역자나 통역인을 거칠 사이 없이 당사자 간의 직접적인 대화가 절실하면서, 언어와 문자의 신속하고 정확한 전달이 이해관계를 좌우하고 있다. 이런 정황에서 언어장벽 가운데 하나가 언어와 문자 표기의 문제이다. 외국어의 음을 우리의 음과 문자로 일치하게 표기하는 것이 가능 한가 하는 것이다. 이에 대해서 로마자는 고대 언어 중 히브리어 문자를 라틴어로 음역하는 노력을 거듭하면서 '히브리어의 라틴어 음역 국제 통일안'을 1977년에 확정하였다. 이는 동양을 제외한 인도 게르만어의 친속성이라는 유리한 고지에서 이루어졌다. 그럼에도 동양의 중국이나 일본과 다르게 한글은 표음문자로서 자음과 모음을 가지고 모아쓰기를 하는 것이 히브리어와 같은 어문구조를 가지고 있는 것이다. 한글은 이런 점에서 라틴어 보다 히브리어에 더 가깝다. 훈민정음 창제 당시 이체자 ㅭ ㅱ ㅸ ㅹ ㆄ 가 있었는데 이는 형태적으로 자음 아래 ㅇ 연 음소(軟 音素)가 가획(加劃)된 연음 자음이다. 이런 자음들의 라틴어 음역은 ᅘ hr, ᄝ aw, ᄫ w, ᅗ v, 픙 f 로 가능하다.
그럼에도 문제는 자음의 치순음, 치설음 음가와 발음이 여의치 못한 것이다. 그런 예를 아래와 같이 밝혀 본다.

II. 본론 (本論)
새한글 신론 (한글확장의 실제)

1. 한글 치순음 F, V와 치설음 Th, 여린 치설음 ð, 센 치설음 θ, 여린 양순음 W ᄫ

우리는 국민적으로 19세기 말엽부터 정치적으로 구미(歐美) 각국과 통상이 되면서 영어 등 유럽 언어와 접하게 되었다. 그러나 동시대적으로 일본의 세력으로 인해 일본을 통해서 유럽의 영향은 간접화 되었다, 그래서 언어도 일본어 세례를 받아 일본어의 합음(合音)을 버젓이 쓰면서 지식인처럼 행세를 해야만 하였다. 일본인의 음절 문자는 대체로 종성 받침 독법을 피하는 관계로 영어 'Lipton'을 리브돈(동)으로 발음함으로써 립톤 2음절이 리브돈 3음절로 늘어난다면, 한글로는 영어대로 '립(맆)톤' 2음절로 읽는다. 그리고 일본어는 '톤'을 '돈'으로 읽어 ㅌ 과 ㄷ을 합음하고 있다. 이런 합음 현상은 우연히 양 국민(兩 國民)의 공통 현상이다.
이것은 원음주의에 따라 시정해야 할 과제가 되고 있다. 그 다음 위에 소제목의 주제가 되는 치순음, 치설음과 양순음은 좀 낯선 음가군(音價群)이다. 훈민정음이 구강상형 문자이지만, 대개 한 음은 구강의 한 부위(部位)에서내는 소리이다. 훈민정음의 17개의 자음이 7개의 종류로 분류되는 데 이런 자음들은 1) 아음(牙音) ㄱ ㅋ ㆁ, 2) 설음(舌音) ㄷ ㅌ ㄴ, 3) 순음(脣音) ㅂ ㅍ ㅁ, 4) 치음(齒音) ㅅ ㅈ ㅊ, 5) 후음(喉音) ㅇ ㅎ ㆆ, 6) 반설음(半舌音) ㄹ, 7) 반치음(半齒音) ㅿ이다.

　그러나 우리가 로마자의 음가를 보면, 구강의 두 부위가 합쳐져 부딪히는 음가(音價)가 조합(組合)된 음들을 본다. 이는 수술적(手術的)인 의식이 요구된다. 지금까지는 이런 두 부위가 조합된 음인 치순음(齒脣音) F를 우리 발음에 가까운 순음 ㅍ으로 발음하고 있다. 그러면 로마자 F는 P로 바뀌게 된다. 따라서 발음의 혼동으로 오해가 생긴다. 이런 폐단을 없애기 위해서 우리 말 한글 자음의 운명적인 속박을 벗어나서 로마자 치순음 F의 한글 자음 표기의 필요성이 끊임없이 제기되고 있다. 어학의 재주꾼들은 정확한 치순음을 익혀서 적응하겠지만, 그것은 발음으로는 버틸 수는 있어도, 문자로는 생각되지 않는 것이다. 그래서 우선 F의 음가 거친, 센 치순음을 제대로 발음하고 문자로 표기하려면, 지금까지의 우리말 구강상형 문자의 한계를 벗어나서 두 부위의 조합(組合)된 음과 음가표기를 동시적으로 마련할 필요가 생긴다. V의 음가표기 역시 마찬가지의 문제가 생긴다. V는 여린, 약한 치순음으로 단순히 ㅂ으로 표시할 수 없으며, 역시 한글로 적절하게 표시하기에는 문제가 있다. 그래서 우리는 '한글 확장'이란 과제를 의식하고 영어의 치순음 F V음과 치설음 Th음을 한글로 음역 표기하는 문제를 제기하고 있다. 뿐만 아니라 이런 치설, 치순음 표기를 위해서 새 글자를 고안할 수도 있겠지만, 그것은 무한한 세월 속에 해안가에 도달할 수 없는 표류 신세가 되기 십상이다. 왜냐하면 국민적인 합의(合意)가 최대의 걸림돌이 될 수 있기 때문이다. 그러므로 우리는 이미 있는 문자전통 즉 훈민정음 체계에 근거해서 우선적으로 쓸 수 있는 자음들을 찾는 일이 현명하다고 본다.

2. 조합,결합(組合,結合)된 음가를 위한 가획 ㅸ 제자 원리 원용

세종대왕께서는 훈민정음 창제 후 인도, 중국, 만주, 일본과 외교문서를 교환하는 가운데 우리 말 자모에 없는 외국문서 기록을 접하면서 우리말에 없는 문자를 별도로 만들어 쓰셨다고 한다. 그 옆에 불경 서적인 월인천강지곡과 석보상절 같은 종교문헌 번역을 위해서도 필요했던 이체자들(예, ㅿ ㅁ ㅸ ㆄ ㆅ 등)을 추가로 만들어서 썼다. 이는 이미 중세국어 학자들에 의해서 연구 정리되어 있다. 그럼에도 이런 연구결과들은 일정한 연구영역에서만 통용될 뿐, 그 당시 왜 이런 이체자를 따로 만들어서 외국어 번역과 그런 표현을 써야만 했으며, 그 효용 가치가 무엇인지는 재해석하지 못하고 있는 것 같다. 일본 헤이안 시대 9세기에 일본 승려들은 가타가나(カタカナ)로 외국어를 표기 하였으며, 지금도 히라가나와 겸용하는 문자로 쓰고 있다. 한글보다 일본어 문자가 좀 번거롭기는 하지만, 영어 알파벳과 발음기호에 비하면, 좀 덜하다. 그런데 한글은 생판 한글 ㄱ ㄴ ㄷ 한 가지 문자체계로 세계 모든 문자의 발음과 음가를 표기하자는 것이다. 한글이 세계에서 가장 우수한 문자이기 때문이라는 것이다. 기가 막히고 우습고 입이 딱 벌어진다. 외국어 쇄국주의 현상으로 인한 소아적인 장애인 같다. 어떻게 보면, 숟가락 하나로 밥 떠먹고, 떡 잘라먹고, 국물 뜨고, 군생선 자르고, 깍두기 떠먹고, 고추장 된 장 발라서 먹는 격이다.

비합리적이며 준비 없는 고집쟁이들이 더 이상 방치되어서 안 된다. 이는 문화와 언어에 대한 폭력 자들이다. 곧 이들은 언어 폭행자들이요, 문화 재판에서 다루어져야 할 피의자(被疑者)요, 징책의 대상이다. 그러나 지난 날 훈민정음 반치음 ㅿ, 여린 ㅸ ㆄ 등이 사라진 이유는 가획 음가가 국민들에게 용도가 희박했던 탓도 부정할 수 없다. 그럼에도 시대는 달라졌다. 외국어 F V Th 의 조합된 음가의 음역을 위해서 훈민정음에 있던 이체자 자음들을 더 늦기 전에 찾아 복원(復元)해서 현실화 하였으면 좋겠다.

3. 가획자(加劃字)의 ㅇ 과 · 의 획(劃)
   - 자음 위 ㅇ 은 연음(軟音), · 은 강음(强音)의 획

우리는 우선 가획자 표기를 위해서 연음(軟音)의 가획에 해당하는 연음소(軟音素) 이응 ㅇ 과 강음의 획에 해당하는 포르티스(Fortis, forte '강한', '센' 의 의미) •을 개념적으로 정의를 할 필요가 있겠다.

1) 훈민정음 연음(軟音) 가획의 연음소 'ㅇ' (ㅸ)에 관하여

ㅇ을 입술소리 아래에 이어 쓰면, 입술 가벼운 ㅸ이 된다.[41] ㅇ은 국어에서 음운(音韻)이 아니다.[42] ㅇ은 맑고 비어 있는 음가이다(허동진,『조선어학사』, 131쪽). ㅇ은 자음 소리를 약화 시키는 연음소(軟音素)역할을 한다.[43] 즉 후음성 공음(空音)으로 소리의 약함을 표기 한다. 이런 맥락에서 ㅸ 여린 비읍은 연음의 원리를 제시하면서, ㅱ ㆆ ㅹ ㆄ의 연음과 동계(同系)를 이룬다. 이런 연음소 ㅇ이 훈민정음에서는 자음 아래 이어서 쓰이면서 그 위의 자음을 연음으로 약화시키는 역할을 하기 때문에, 그것을 좀 수정(修正)하여 ㅇ을 자음 위에 올려서 씀으로써 자음 ㅂ 과 그 아래 이어지는 모음 ㅜ 사이에 옹색함이 없도록 할 수 있다. '부'를 'ᅇ부'(ㅂ위에 ㅇ을 가획)로 표기한다.

---

[41] 조규태,『훈민정음』, 76쪽
[42] 유창돈,『이조어 사전』, 507쪽
[43] 박창원,『중세국어 자음 연구』, 56쪽

2) 히브리어와 라틴어 확장에 쓰이는 강점(强點)과 연강점(軟强點)인 포르테(fortis)

히브리어 자음들(22개 중 18개 자음)은 강점과 연(軟) 강점 · 을 가지면서 겹자음의 된소리와 약경음(弱硬音, 힘이 들어간 긴장된 소리, 무기 유성음)을 낸다. 가획 된 점 · 은 음악 음표에서 전용한 강한 음표 포르테 (forte)와 같이 강한 음을 내게 하는 획(劃)이다.

3) 강점과 연강점 다게쉬 포르테와 다게쉬 레네에 관하여

점(點)이란 무엇인가? 점은 수학과 문자학에서 썼지만, 음악에서 '점'을 빌려서 음표로 사용하였다. 그런데 음악의 점은 포르테(라틴어 fortis)로 사용되는 것인데, 이런 포르테의 의미를 문자와 문법을 다루는 이들이 자음 음표의 '세기'(강한 음)로 원용 하게 되었다. 점(點)은 각 전공 영역에 따라 그의 개념(概念)이 다양 하다.
  수학 개념: 수학적으로 점은 "위치만 있고, 크기가 없다"고 한다. 점은 두 선(線)이 맞닿은 자리이다.
  문자 개념: 문자학에서 점은 글의 구절을 구별하려고 찍는 표이며, 어느 지적된 사항을 나타내는 부분이다. 그리고 글자를 쓸 때 한번 찍는 획(劃)에 해당한다.
  음악 개념: 음표와 숨표의 오른 쪽에 덧붙여 찍어서 그 원길이의 반(2 분의 1) 만큼의 길이를 더함을 표시하는 검은 점이다. 이 점은 음악에서 '강하게'의 뜻을 말하며, 포르테 (forte)의 약호는 'f'로 표기한다.
  '점(點)은 수학, 문자와 음악에서 공통적으로 '작고 둥글게 찍는 표'이다. 즉 · 의 모양이다. 점의 원 뜻은 라틴어에서 찾아볼 수

있다. 언어 역사적으로 그리스어 포르티조 fortizo φορτ-ίζω '무거운 짐을 지다'는 의미이며, 그의 메타포(metaphor)는 '무거운 짐'의 의미이다.44 아마도 그리스어 포르티조의 단어가 라틴어 'fortis'로 옮겨져 은유로 전용(轉用)되었을 수도 있다고 본다.45 라틴어로 포르티스는 '강한', '센', '원기 좋은', '충만한', '대담한'의 의미를 가진다.

음악 음표에서 전용한 '점'(點)은 음의 세기, 강한 음표를 표시하는 것이다, 문자학을 다루는 이들에게 점은 문자의 세기, 즉 강한 음을 표기하는 부호로 또는 획(劃)으로 사용 되고 있다. 그런 예는 고대 히브리어의 6개의 자음 베가드케파트(한글로 ㅂ ㄱ ㄷ ㅋ ㅍ ㅌ로 표기됨) 문자에 다게쉬 레네 • (예. ⊐ b ꞵ)를 찍는다. 그리고 정상 자음들 12개(예. ו ww ז zz י jj מ mm נ nn ס ss 등)는 다게쉬 포르테 강점과 함께 겹자음 각자병서가 된다. 그리고 된 소리를 낸다. 그러나 이런 강점 문자는 첫 음절의 종성과 다음 음절 초성으로 연음(連音) 현상으로 발음 된다(예. נ nn는 han-na '한-나'임, '하-나'가 아님).

라틴어(로마자) 확장에서 강점은 히브리어 음가와 일치하는 자음 아래 점 • 을 찍어서 강음을 표기한다. 예를 들면 히브리어 헤트 n를 H 아래 점 • 을 찍어서 Ḥ 로 표기 한다. 훈민정음에서 히브리어 헤트 n, 라틴어 확장 Ḥ의 음역(音譯)은 ㆅ 으로 표기 된다. 즉 ㅎ의 겹자음 센 히읗 인 ㆅ 이 된다고 할 수 있다.

정리: 위에서 본 바와 같이 점 • 은 모양이 둥글고, 획(劃)이 되며, 음악의 음표에서 '강한', '센' 음을 표기한다. 점의 이런 3가지 성격은 문자학에서 자음에 붙이는 획이 되며, '강한', '센' 음가(音價)를 나타내는 데 쓰이며, 용도에 따라 자음 위아래(上下) 붙여서 쓰여 질 수 있겠다.

---

44 H. G. Liddell, A Greek-English Lexicon, 1977, 1951-2쪽

45 Georges, Lateinisch-Deutsches Handwoerterbuch, 1.Bd., 1972, 2823-4쪽 참조

이런 점(點)의 개념에 근거해서 한글 확장에 종사하는 이들은 "자음(子音)에만 가점(방점?)을 적용하는 사례"를 말하고 있다(예 홍일중).

4) 자음에 붙는 가점(加點) 방식과 가획(加劃)에 대하여

'가점' 보다 '가획'으로 용어를 바꾸어야 한다. 왜냐하면 점・은 획(劃)으로 글자에 쓰이기 때문이다. 가점이라 하는 경우에 점・은 방점(傍點)으로 장모음(長母音) 표기나, 글귀나 글자 위에 또는 글자 오른편에 찍혀 보는 사람의 주위를 환기시키는 표기를 의미한다. 이런 점은 글자의 획(劃)과는 관계가 없다. 그러므로 가점, 방점 보다 '가획'으로 용어(用語)를 정하는 것이 타당하다고 하겠다.

가점(加點)은 "글자나 글에 점을 더해 찍음",[46] 또는 "가로쓰기에서 아래, 세로쓰기에서 옆에 점을 찍음"이라[47] 설명하고 있다. 그러나 사전에는 그에 대한 예가 빠져 있다. 글자의 가점(加點)은 한글에서 보다는 고대 히브리어의 자음 즉 6자음 베가드케파트(우리말로 음역은 순서대로 ㅂ ㄱ ㄷ ㅋ ㅍ ㅌ의 연서)의 연음(軟音)과 이런 연음에 가점하여 연강음(軟强音)이 되는 베가드케파트 (בגדכפת ㅂ ㄱ ㄷ ㅋ ㅍ ㅌ)에서 찾아 볼 수 있다. 이와 같은 맥락에서 로마자는 히브리어 자음을 음역하기 위해서 히브리어 자음의 음가에 일치하는 확장된 로마자를 따로 만들었는데, 그 중에 가획(加劃) 방식을 취하여 표기한 로마자 자음들 아래 점을 붙인 것들이 4 개의 자음에 있다. 예를 들면, 히브리어 헤트 Ḥ/ḥ, 테트 Ṭ/ṭ, 차데 Ṣ/ṣ, 코프 Ḳ/ḳ는 각각 H, T, S, K 아래 강점(된소리)・을 찍은

---

[46] 『엣센스 국어사전』, 32쪽
[47] 『새 우리 말 큰 사전』, 35쪽

것이다. 인도 게르만어의 고대 히브리어와 라틴어 확장에서 연 강음과 강음(强音)의 음가를 위해서 점(點)·을 가획으로 사용한 것이다. 그럼에도 한글 확장을 시도하는 분 가운데 이런 강점(포르테)의 '강한, 센' 음을 외면하고, 우리말 ᆨg, ᆮd, ᆸv, ᆿç, ᇀθ, ᇁf 자음 상위 중앙에 가점하여 연음(軟音, 약한, 여린 음)을 표기한 것은 이해가 안 된다. 아마도 원래의 포르티스(강한, 센의 의미)를 왜곡(歪曲)한 것이 아닌가 의심스럽다.[48] 더욱이 우리말 ㄱ ㄷ ㅂ ㅋ ㅌ ㅍ 자음 상위 중앙에 둥근 점·대신 정사각형 모형 ■ 은 무엇인가? 그런 작은 사각형 점 ■ 이 포르티스 강한점·과 상반된 연음(軟 音)으로 고안(考案) 된 것인가? 그럴 경우 우리말 ㄱ̇ ㄷ̇ ㅂ̇ ㅋ̇ ㅌ̇ ㅍ̇ 과 상위 중앙의 사각형 점은 '포르티스 강한점'과 매우 혼동(混同) 된다.

왜냐하면 이런 강점, 연강점들은 이미 세계적으로 협약, 협정된 국제통일안으로 확정되어 있기 때문이다. 따라서 한글 확장을 위해서 한글의 세계 문자화를 성취하는 조건은 최소한 문자 전통에 근거한 부호나 기호를 존중하는 것이 필수요건이라 생각된다.

한글 확장을 위해서 개인적인 발상이나 고안은 자유롭다. 그러나 문제는 그런 고안이 문자학적-문법적으로 보편타당성과 설득력이 있어야 하며, 그에 대한 문헌적인 실증(實證)과 사례가 있어야 할 것이다. 그리고 무엇보다 원칙과 원리에 근거한 일관(一貫)된 논리적인 전개가 제시되어야 할 것이라 생각된다.

---

[48] 2011 CKIS Seoul Korea, Conference on Korean Informatics and Standards, 한글 세계화를 위한 '11년도 한국어 정보학회 동계 학술대회. 제2부 제3세션 17:10-18:30, 2. 한글 확장안의 사례별 연구조사, 6-16쪽 중, 11-12쪽 참조

III. 결론 (結論)

가획 방식의 강경음(强硬音) 쌍겹자음과 약경음(弱硬音)의 점 · 그리고 정상 기본자음과 연음(軟音) 자음의 작은 o 표

히브리어에서 자음 22개 중 18개 자음들은 연 강점을 갖는 6개의 자음 베가드케파트와 강점을 갖는 12개의 자음으로 분류된다. 이런 두 부류의 자음들은 점(點)을 공통적으로 가진다. 그리고 로마자 라틴어 확장에서도 이런 점(點·)은 자음 아래 이어서 음을 강하게 한다. 예를 들면 H 아래 點·을 붙인 Ḥ ㅎㅎ 이다. 이런 점·은 우리 한글 확장에서는 획(劃)에 해당한다. 이런 점을 자음 상위 중앙에 붙여서 겹자음 된소리를 만들 수 있다고 본다. 이것이 가획 방식의 강음/강경음이 된다. 예를 들면 겹자음을 정상으로 표기하기 위해서 한글 "ㄲ ㄴㄴ ㄸ ㄹㄹ ㅁㅁ ㅃ ㅆ ㅇㅇ ㅉ ㅊㅊ ㅋㅋ ㅌㅌ ㅍㅍ ㅎㅎ" 된소리 자음들이 있으며, 그 옆에는 ㄱ̇ ㄴ̇ ㄷ̇ ㄹ̇ ㅁ̇ ㅂ̇ ㅅ̇ ㅇ̇ ㅈ̇ ㅊ̇ ㅋ̇ ㅌ̇ ㅍ̇ ㅎ̇ 각 자음 상위 중앙/왼편에 점(點)을 가획하여 연강음(軟强音) 또는 연경음(軟硬音)소리를 만드는 방식이다. 그 다음 훈민정음의 자음 ㆆ ㅱ ㅸ ㅹ ㆄ 대신 각 해당 자음 상위 중앙에 작은 o을 올려붙이면, 연음(軟音)들이 될 수 있겠다. 추가해서 ㄱ ㄷ ㅋ ㅌ 4정상 기본자음 상위 중앙/왼편에 o을 가획하여 영어에 해당하는 으(ᵒㄱ) ç, 은(ᵒㄷ) ⁊, 으(ᵒㄱ) x, 은(ᵒㅌ) θ음을 만들 수 있겠다.

ㄲ (강경음) ㄱ̇(연강음) ㄱ(정 상음) ᵒㄱ ᵒㄱ(연음)의 본보기 사례

한글 끝소리 된소리 음과 첫소리 된 소리음을 가획 점·하기

1) ㄱ ㄷ ㅂ ㅅ ㅈ 5개 자음 소리 종류의 세기표(부동표,不同表)

(1) ㄲ > ㄱ̇ > ㄱ > ㅇ̇ㄱ/ㅇㄱ̇ 조건(조건̇), 안건(안건̇), 용권(용권̇)
(2) ㄸ > ㄷ̇ > ㄷ > ㅇ̇ㄷ/ㅇㄷ̇ 맞다(다̇)
(3) ㅃ > ㅂ̇ > ㅂ > ㅸ 바보
(4) ㅆ > ㅅ̇ > ㅅ > ㅇ̇ㅅ/ㅇㅅ̇ 맵시
(5) ㅉ > ㅈ̇ > ㅈ > ㅇ̇ㅈ/ㅇㅈ̇ 차장면

예) 공깃밥을 발음하는 경우 끝에 오는 밥은 빱 보다는 '밥̇'으로 발음함
'조건'에서 끝에 오는 ㄱ은 ㄲ 보다 'ㄱ̇' 으로 발음함
맞다에서 끝에 오는 ㄷ은 'ㄸ' 보다 'ㄷ̇'으로 발음함
바보에서 첫 ㅂ과 끝 ㅸ이 된다
맵시에서 맵 다음 ㅅ 은 ㅆ 보다 ㅅ̇이 된다
자(짜)장면에서 첫 자는 짜 보다 ㅊ̇장면이 된다.

4종류 발음과 경음화(硬音化, 된 소리 되기)된 자음

강음	ㄲ ㄸ ㅃ ㅆ ㅉ
연강음	ㄱ̇ ㄷ̇ ㅂ̇ ㅅ̇ ㅈ̇
정상음	ㄱ ㄷ ㅂ ㅅ ㅈ
연 음	ㅇ̇ㄱ/ㅇㄱ̇ ㅇ̇ㄷ(ㄷ̇) ㅸ ㅇ̇ㅅ(ㅅ̇) ㅇ̇ㅈ(ㅈ̇)

위에서 강음과 정상음 사이에 연강음은 우리말의 된 소리 되기에서 또는 경음화(硬音化)에서 찾아볼 수 있겠다. 예를 들면, 어떤 음을 조음(調音)할 때 후두 긴장이나 성문 패쇄가 수반되는 현상이다 '옷장'이 옫짱으로, 등불이 등뿔로 되는 사례이다. 발음은 된 소리 ㅉ ㅃ 이지만, 표기는 후두의 긴장된 음인 ㅈ ㅂ 위에 연 강점을 붙여서 ㅈ̇ ㅂ̇ 으로 표기할 수 있겠다. 이런 연강점의 자음이 쌍 겹자음 된소리와 구별되기 위해서 즉 음의 조음에서 경음화를 나타내는 것이다. 이런 경음 자음은 소리는 된소리를 내게 하지만,

표기는 단자음(單子音)으로 머문다. 그러나 다른 정상 자음 '그림자', '염불'에서 ㅈ 과 ㅂ 과 다르게 긴장된 조음으로 인해 경음화된 ㅈ 과 ㅂ 자음은 ㅈ 의 ㅉ, ㅂ 의 ㅂㅂ 음을 연 강점 자음법칙에 따라 ㅈ̇ ㅂ̇의 연강점의 자음으로 구분할 수 있겠다. 이런 연강점은 된소리를 낼 수는 있어도 된소리 표기는 안 되게 한다. 그런 예는 히브리어 6자음 베가드케파트 즉 תפכדגב bgdkpt 자음 안에 긴장된 조음을 하는 연 강점 ㆍ은 bb(ㅂㅂ), gg (ㄲ), dd (ㄸ), ... 에 가까운 긴장된 음을 낼 수 있어도, bb가 아니라 b발음표기에 머문다. 이것이 히브리어 자음의 경음화이며, 이에 해당하는 자음의 점 ㆍ이 연 강점이며, 우리의 경음화 된 자음 발음 법칙과 일맥상통(一脈相通) 하는 바가 있다.

지금까지 한글은 훈민정음 체제에서 강음(된소리)과 정상 음 사이에 연 강음(ㄱ̇ ㄷ̇ ㅂ̇ ㅅ̇ ㅊ̇)의 자음이 없었으며, 정상음 보다 약한 연음(軟 音 ㅸ ㆄ)이 있었지만, 쓰이지 않고 있었다. 앞으로 한글도 외국어들처럼 연강음(軟强音)과 연음(軟音)을 살려서 한글의 세계문자화를 실현하였으면 한다.

5. 외국어 표기를 위한 한글과 로마자, 히브리어

1. 외국어 표기를 위한 한글 자음

1) 훈민정음과 세종 정신

훈민정음 28자(지금 24자) 창제 당시 훈민정음은 이미 주변 만주, 중국, 몽골, 인도와 일본어의 발음을 표기할 수 있는 자음들을 만들어 외국 문헌에 수록하였다.

1446년 9월 훈민정음 반포 후 외국어의 훈민정음 표기는 용비어천가의 주해에서 여진어와 몽골어 표기가 나온다, 훈민정음언해 (1447년 이전 간행)에는 중국어의 치두음과 정치음의 표기가 명시되었다. 석보상절에서 산스크리트어가, 홍무정운 역훈에서 훈민정음으로 중국어의 음역표기가 나온다(1397-1450년까지). 세종 승하 후 해동제국기(1471)와 이로파(伊路波, 1492)에서 일본어의 표기, 오대진언(1485)에서 산스크리트어의 표기가 나온다. 이런 문헌들을 통해서 훈민정음은 창제 때부터 훈민정음 고유 표기에 머물지 않고, 세계 언어와 그의 음가표기의 필수성(必須性)을 가지고 있었다.

년도	책명	나라	언어표기
1446.9.	용비어천가주해	만주, 몽골	여진어, 몽골어
1447	훈민정음언해	중국	치두음, 정치음

1397~1450	석보상절 홍무정운역훈	인도 중국	산스크리트어 중국어 음역
1471	해동제국기	일본	일본어
1485	오대진언	인도	산스크리트어
1492	이로파	일본	일본어

2) 여린음(ㅸ), 사잇소리(ㅿ)와 치두/정치음(중국어 ㅅㅆ ㅅㅆ)

한반도 주변 만주, 중국, 몽골 그리고 인도(印度)까지 문화적 외교적인 관계를 가진 조선(朝鮮) 시대는 문자와 발음에 외국어 표기가 필수적이었다. 우선적으로 인도어는 서장어와 달리 연음(軟音)들(예. 약경음 bh gh dh kh ph th, 이는 히브리어의 연음과 공통된다), 사잇소리(예. ㅿ, 히브리어 ז(z)과 공통됨), 중국어 치두음(예 ㅅㅈ), 정치음(예. ㅅㅈ)과 몽골어 소운자(蕭韻字, 믕= aw 예 落 랑 '로')가 훈민정음으로 표기하는 데 쓰였다. 이는 오늘 우리가 서구 문명과 언어 발음을 하는 데 쓰이는 음들과 같은 현상이다. 조선 시대에만 해도 일반인들에게는 외국어가 필요하지 않았지만, 21세기 현대 한국인에게는 어린이로부터 노인에 이르기까지 외국어 지식과 발음은 모국어 못지않게 생활화되어 있으며, 선진화(先進化)의 지름길이다. 그러므로 우리는 조선시대와 구한 말엽에 없어진 훈민정음 4 문자와 여린 비읍(예. 된 이응 ㆆ, 옛 이응 ㆁ, 여린 시옷 ㅿ, 여린 비읍 ㅸ, 그리고 아래아 ㆍ)을 다시 꺼내어 세계 언어들의 발음으로 사용할 필요가 있다.

3) 외국어 세계 문자 자모와 한글 문자 수자(數字) 비교

자음의 수: 중국 한자어 21개, 로마자 21개, 히브리어 22개, 훈민정음/한글 14/20개
한글은 세계 문자 자음 21개에 비해 7-8 개, 훈민정음은 1개가 부족 하다.

한글 자음: ㄱ ㄴ ㄷ ㄹ ㅁ ㅂ ㅅ ㅇ ㅈ ㅊ ㅋ ㅌ ㅍ ㅎ 14개
영어 자음: (A) B C D (E) F G H (I) J K L M N (O) P Q R S T (U) V W X Y Z 21개.

영어 보다 한글 자음이 7개 부족하다. F, L, Q, V, W, X(6개)가 한글 자음 표기에 없다. 단 훈민정음 6개 자음 ㆄ/F, ㅹ/V, ㅸ/W와 ㅭ/L, ㆁ/Y, ㅿ/Z 대응 가능하다. Q 만 없는 셈이다. 따라서 훈민정음 자음 20 개와 영어 자음 21 개는 거의 동률(同率)이 된다.

4) 한글 자음 20개 이상을 제안한 조선어 학자들과 훈민정음 명예회복

이들은 훈민정음 28개 자모를 공통적으로 말하면서, 자음 20개 이상을 제안하고 있다.
예를 들면, 최세진(훈몽자회, 1527년), 최석정(경세정음도설, 초성 자음 24자), 박성원(화동정운 통석운고, 소운자 ㅱ(aw)와 여린음 ㅸ(w) 제안, 부는 부와 우 사이음), 박경가(사칠정음운고, 자음 23개), 신경준(초성 자음 36개), 정동유, (1744-1808년, 주영편에서 23개 자음), 유희(1773-1837년, 언문지에서 25개 자음), 권정선 (1848-1923년, 조선글자 기본원리와 외국어 벽음(드문 음) 표기,

예 ㆁㆁ, ㆅㆅ, ㅱㅱ, ㅁㅁ), 김두봉(1916-1923년, ㅌ의 Th 음, ㅱ의 W, ㆁ의 y 제안).

5) 국문연구의정안(國文硏究議定案)의 한글 자모 14개와 훈민정음 말살 수모(受侮)

위에 조선어 한글 학자들은 훈민정음 28개를 근거한 자음 23-24개 이상을 제안하였지만, 1907-1909년 한일합방 직전 국문연구의정안은 자음 8개를 부당한 것으로 제외시켰다.

제외한 자음들은 '옛 이응 ㆁ, 된 이응 ㆆ, 사이 시옷 ㅿ, 개모 ◇와 ㅱ, ㅸ, ㆄ, ㅹ 8개 자음들이다. 이런 자음들은 세계문자에 기본적인 발음들인데 말이다.

2. 훈민정음, 로마자, 히브리어의 공동음가 표기

1) 여린 비읍 ㅸ 표기법에 대하여: 로마자 W 또는 V-W 사이음 (예. 셔블, 더ㅸㅓ = 더워)

'ㅸ'은 'ㅂ' 유지어와 '오/우' (W)유지어의 절충형이요, 표기법의 대상으로 삼은 연서(連書)이며, 한자(漢字)의 음을 표기하기 위한 가획자였고, 순음 'ㅱ, ㅸ, ㆄ, ㅹ'들이 있고, 'ㅇ'은 입술소리로서 아래에서 상위 자음을 가벼운 소리로 만든다.[49]

따라서 이런 순음들은 현재 외국어(히브리어, 유럽어, 중국어 등) 표기와 공통점을 가진다.

예. 'ㅱ'은 'aw'(소운자 蕭韻字)로, 'ㅸ'은 'w(오/우)'로, 'ㆄ'은

---

[49] 이에 대해서 허동진,『조선어학사』, 한글학회, 1998, 92-93쪽과 4연서와 병서설; 조규태,『훈민정음』, 한국문화사, 2000, 115-120쪽 참조

'f/ph'로, '뼝'은 'v'음가 표기에 대응되는 입술 가벼운 소리가 된다.[50]

훈민정음과 한자어 음가 비교: '뭉'은 '彌', '뼝'은 '奉', '방'은 '非', (ㅂ은 法 참고), '퐁'은 '夫'.

순음자음의 입술 가벼운 소리가 'ㅇ(이응)'을 더하여 여린 음을 나타내는 것에 주목할 필요가 있다. 즉 본래 음소 표기가 아니라 '외국어 한자음'을 표기하기 위한 가획자(加劃字)였다.

우리는 이와 비슷한 예를 로마자의 히브리어 자모 표기에서도 찾아볼 수 있다.

독일의 H. 궁켈(Gunkel)이라는 독문학자요 신학자는 고대성서 히브리어 문자 자음(子音, 22개)을 로마자와 똑같이 읽기 위해 원래 로마자 자음에 가획(伽劃)하여 라틴어(로마자)확장을 시도하였다.[51]

예) 히브리어 ח 헤트를 로마자 H 자음 아래 • 을 가획하여 Ḥ로 표기하였다. 좋은 예는 히브리어 '베가드케파트 자음군(子音群)'은 강한 자음과 여린(부드러운) 자음을 함께 가진 6개 자음들이다.

도표 I : 강한 음가 (히) ב는 (라) B, (한) ㅂ/ㅃ
여린 음가 (히) ג는 (라) Ḇ, (한) 뼝

위에서 우리는 여린 음가 'ב'가 로마자 'B'아래에 가로 막대기(마이너스 표기) -를 가획한 것을 볼 수 있다. 이는 훈민정음의 여린 비읍 즉 'ㅂ'아래 'ㅇ'가획 표기와 같은 의미로 볼 수 있다. 따라서 한글 확대 제안자들이 여린 음가를 원래 자음의 한 획을 감획(減劃)하는 것은 음가표기 원칙을 임의적(任意的)으로 사용하는 감을 준다.

---

[50] 허동진, 상게서, 93쪽
[51] 창세기 주석 [Genesis, 1901년]

2) 연음(軟音) ㆄ = ㅍ, ㅸ = U에 관하여

여린 피읍 ㆄ과 여린 비읍 ㅸ은 원래의 자음 밑에 가획자 ㅇ을 가진다. 이응은 빈 소리요, 음운(音韻)이 아니기 때문에 상위 자음의 음을 약화시키는 연음소(軟音素)가 된다. 이런 연음소는 가획자(加劃字)로서 ㅱ ㅸ ㅹ ㆄ ㆆ를 연음이 되게 한다. 그런데 최근에 ㆄ 과 ㅸ 은 자음 아래 이응 'ㅇ'이 빠지고, 감획(減劃)되어 정상 자형이 인위적(人爲的)인 자형(字形)으로 임의적(任意的)으로 만들어졌다.

예) ㅸ 또는 ㅂㅎ을 가로 막대기 없는 'U'자형(字形)으로 만든 것이다. 'ㆄ'을 하나의 세로 막대기로 감획 표기하는 'ㅍ'자형이다. 이런 감획 표기는 '훈민정음'과 '로마자' 여린 음가의 가획자와 상반(相反) 된다.

도표 II:

히브리어	로마자	훈민정음	한자어	음가군
ב (베트)	B	ㅂ/ㅃ	법(法)	순음
ב (베트)	Ḇ(V)	ㅹ/ㅃ	봉(奉)	여린 순음
פ (페)	P	ㅍ/	표(漂)	순음
פ (페)	F/Ph	ㆄ/ㅍ	부(夫)	경순음(여린순음)
ת (타우)	Th e	ㅌ	타(咃)	경설음(여린설음)
ו (와우)	Waw	ㅸ/ㅂ	비(非)	양 순경음
ג (달랱)	Ḏ	ㄷ	지(池)	경설음(여린설음)

3) 여린 비읍의 ㅂㅎ, ㅍㅎ 표기법에 관하여

음절축약획(音節縮約劃) ㅂㅎ, ㅍㅎ

여린 비읍 ㅸ을 ㅂㅎ로 쓰자는 이들이 있어 합용병서 음가의 자음 군을 확인해 볼 필요가 있다. 그의 증거의 출발점은 15 세기이다. 쉽게 말하자면, 두 개 음절 어휘 '좁쌀'을 '조빨'로, '부릅뜨'를 '브르뜨'로, '뵙짱이'를 '븨짱이'로 합용병서를 하는 것이다.[52]

위의 합용 자음의 병서들은 원래 2개의 음절과 문자를 가진다. 그러므로 'ㅸ'을 'ㅂㅎ'으로 표기하는 경우, 'ㅎ'은 'ㅂ'을 약하게 하여 연음(軟音)이 되게 하기 보다는 두 개의 음절로 이어지며, 'ㅎ'은 이론상 'ㅂ'음 앞뒤의 음절이 되어야 한다. 예) '닿다'를 '다ㅎ다'로, '다ㄷ하'로 인위적으로 만들어 볼 수는 있다. 그러나 'ㅸ'에서 'ㅇ'(이응)은 2음절의 합용이나 연서가 아니라, 한 음절 초성(初聲) 자음을 약하게 하는 표기이다. 따라서 여린 음가 원칙은 'ㅇ'(이응)을 자음 아래 또는 새롭게 수정하여 자음 위 (상위, 上位)에 표기하는 방법도 있겠다.

정리 : 음절축약획(音節縮約劃)들
ㅂㅎ, ㄱㅎ, ㄷㅎ, ㅋㅎ, ㅍㅎ, ㅌㅎ

연음소(軟音素) 이응 ㅇ 의 ᅙ ㅱ ㅸ ㅹ ㆄ 여린 음가 제자 원리를 활용한 수정 음가 표기

ᵇ 표기, 이는 일본어 자음 우편 상위 음가부호에 가깝다는 인상을 준다. 예) ぱ ぴ ぷ ぺ (바/빠, 비/삐, 부/뿌, 베/뻬, 보/뽀)등이

---

[52] 박창원, 『중세국어 지음 연구』, 1996, 163-165쪽에 '볍씨'를 '삐'로, '휩쓸'을 '쁠'로, '짭짤히'를 '짜'로

있다.

　일본어 히라가나 강음(强音) かきくけ こ(까 끼 꾸 깨 꼬)들은 상위 우편에 여린 음가 표기를 가진 약음(弱音) が ぎ ぐ げ ご (가 기 구 게 고)을 가진다. 히브리어 6개 연강(軟 强)자음들로서 בגדכפת (t p k d g b) -히브리어는 오른쪽에서 왼쪽으로 읽는다- 는 연음(軟音) 자음들로 자음 체 안에 점•을 갖지 않는 ת ד כ פ ג ב 는 th, ph, kh, dh, gh, bh 또는 t̲ f k̲ d̲ g̲ b̲ 로도 읽힌다. 훈민정음에서 우리는 여린 음가들 'ㅸ ㅹ ㆄ ㅿ (v-w, v, f/ph, z)'을 가진다.[53]

4) 여린 비읍 연서(連書)의 수정(修正)된 표기에 관하여

　훈민정음의 연서들 'ㅱ, ㅸ, ㅹ, ㆄ, ㅸ'은 자음 아래 모음을 붙이는 경우 글자 폭(幅)이 튀어 올라 자형(字形)의 불균형을 가져온다. 예) 셔블(京), 대밭(竹田). 그래서 한글의 과학적-미학적인 시각에 손상을 준다. 그는 음가 표기의 감획(減劃)이 공학적-수학적인 표기(예, ㅸ= ∪, ㆄ = ㅛ)로 인해 전통적인 문자의 미학적(美學的)인 손상을 주는 것과 다를 바가 없을 것 같다. 따라서 훈민정음의 전통적인 연서 'ㅱ, ㅸ, ㅹ, ㆄ, ㅸ' 연음(軟音) 자음 아래 '빈 소리 ㅇ(이응)'을 연음 자음 위(上位) 중간에 표기하여 자형의 불균형을 수정하고, 미학적인 손상을 주지 않는 방법을 찾을 수 있다고 본다.

　예)　ㅂ̇ w　ㅃ̇ b̲　ㄱ̇ g　ㄷ̇ d̲　ㅋ̇ k̲　ㅍ ph　ㅌ̇ t̲

---

53 방석종,『훈민정음의 세계문자화』, 전통문화연구회, 2008 참조

6. 라틴(로마자)어 발음과
동등(同等)한 한글 발음들

　필자는 일반인들의 통용어 보다는 외국어를 하는 한국인들을 위해 한글음과 라틴어음의 동등성을 밝히고 구체적인 발음 자음들을 제시하여, 우리 한글로 라틴어 발음기호를 만들어 쓰자는 의도를 피력하고자 한다. 세계적으로 인류는 저마다 말과 글(문자)을 가지고 소통하고 살아간다. 비슷한 동류의 문자와 발음을 가진 종족들은 큰 어려움을 느끼지 않지만, 언어 자체가 표음(表音) 표의(表意)로 구별되고, 굴절어(라틴어)와 교착어(한글/우랄 알타이어)가 서로 어순이 다르고 어미변형이 다양한 언어들은 서로 내기 어려운 음가들을 가진다. 그러나 우리 한글은 일본어 보다 더 많은 조사(助詞, 토씨)들을 가져, 한글을 배우는 외국인에게 쉬운 말이 아니다. 그럼에도 그의 발음들은 조금만 노력하면, 라틴계나 아랍계의 발음과 동음(同音)을 나타내는 자모들을 가진다. 이미 영어는 '라틴문자 확장'이란 틀에서 외국어 음가(예, 고대 히브리어, 헬라어 또는 아랍어, 중국어 등)를 로마자 자음과 모음에 부호(符號)를 붙여서 발음기호로 사용하고 있다. 이에 대해서는 외국어 전공자가 로마자 발음기호로 고대 히브리어 희랍어와 중국어를 그대로 읽을 수 있고 배우는 초급문법 알파벳 발음 편에 상세하게 설명되고 있다. 세계로 뻗어 나가는 로마자로 세계 언어의 각(各) 음가를 그대로 살려서 라틴어 표기로 고대 언어의 알파벳을 대체하려는 언어정책이다. 라틴어 알파벳을 확장하여 고대 중동 아랍세계와 동양(중국 등)세계의 언어를 라틴화 하려는 집요한 제국적(帝國的)인 언어문화 정책이다. 그래서 우리는 알게 모르게 외국어라 하면,

로마자 표기의 외국어 읽기에 익숙해 있다. 로마자 외에 다른 나라 알파벳들은 눈에 들어오지 않는다. 그 예로 헬라어(희랍어)나 러시아어를 보라! 로마자와 비슷하면서도 혼동되는 알파벳들이 금방 피로하게 만들고 있지 않는가? 우리에게도 이런 문제가 점점 커지고 있다. 한글 보다 영어 간판이 우리 눈에 익숙해 가고 있다. 영어만 하면 축에 끼고 무시당하지 않고 돈 좀 벌 수 있는 힘을 가졌기 때문인가? 글로벌 세계화로 어느 하나의 문자로 통일해서 간편하게 실용적으로 살자는 경제적인 이기심 때문인가? 그러나 세계 여행을 해보라 중국에서 영어가 통하는가? 일본에서 영어가 통하는가? 국가적인 공무여행인 경우나 학술단체 행사에서는 영어가 국제 언어로 사용되겠지만, 일반적으로는 현지 언어가 더 편리하다. 아시아의 경우에는 한글과 영어 위주로 외국과 접촉하는 데 익숙해 있다. 그런데 요즈음은 아예 한글보다 영어 표기가 기기괴괴하게 과용되고 있다. 왜 그럴까? 하루가 다르게 변하는 유행(流行) 속에서 넘쳐 오는 영미와 서구의 생활 스타일과 생활필수품의 상표언어가 우리말로 표기할 여유 없이 조급하게 그대로 옮겨지다 보면 원어를 그대로 사용하게 된다. 대개 문맹을 벗어나 중등 교육에서 영어 알파벳은 알고 있을 테니 마음 놓고 영어를 구사하는 마음에 한글 표기는 뒷전이 되고 영어로 소통이 되기 일쑤다. 그래서인지 몰라도 외국어 발음은 주로 영어 발음에 의존하여 읽고 한글로는 불완전한 것이려니 한 수 접어 놓고 대충 읽는 것이 상례화(常例化) 되어 있다. 그럼에도 우리는 "한글은 못 내는 음이 없다"고 한글의 우수성을 자랑한다. 우리 한글의 음으로 외국어 표기는 해도 온전하지 않은 것에 대해서는 별로 신경을 쓰지 않는다. 그러나 영어는 외국어음에 일치하는 부호와 기호를 별도로 마련해서 원(原) 로마자에 없는 음가(音價)들로 발음기호를 삼고 있다. 이것이 이른바 라틴어 확장이다. 이는 일반인이 쓰는 표기는 아니다. 고대 언어나 외국어 전공자를 위한 라틴어 음역이다. 문화적으로 라틴어는 서구와 동구 민족들이 공용문자로 채택하여 사용하는 문자라면, 한자어(漢字語)는 동양 삼국 중국 한국 일본 등이 공용문자로 사용하고 있다. 그러나 말의 의미는 각자 자기들의 한자어를 집어다 맞추어 사용한다. 예, 너 (伽 와 當身) 이다. 그러나 중국어나 일본어는 그 자체가 음절(音節, 모음과 자음이 한 덩어리를 이룬 문자) 문자라, 로마자의 발음을 그대로 내기가 쉽지 않다. 그 가운데 한글은 라틴어처럼 자음과 모음이 따로 있으며, 그들을 초성 중성과 종성으로 결합해서 쓰는 표음문자이기 때문에 한글 자모확장을 해서 쓰면, 라틴어 표기가 아닌 한글표기로 외국어 발음이 가능한 문자이다. 그런데 우리는 영미와 서구 언어 중 B와 V, F 와 P, L과 R을 혼동시키고 있으며, S와 Z사이음을 발음하지 못한다. 이런 음가는 이미 세종대왕의 훈민정음에 준비되어 있었다. 이런 실례들이 인터넷 유니코드(U), 유니코드 문자표, 문자영역(I), 한글자모 판에 상세하게 제시 열거되어 있다. 필자는 우선 한글이 라틴어 음가와 동일한 자음들을 아래와 같이 추려서 한 눈에 볼 수 있게 찾아 놓았다. 이런 자음의 음가들을 영어 음가와 일치하여 발음기호로 쓰면, 영어음을 그대로 발음할 수 있는 이점(利點)이 있다고 본다. 도표에 따라 비교하면, 초등학생들조차 우리 한글 발음과 문자로 영어 발음기호 '대신' 혹은 '없이' 낼 수 있다.

훈민정음과 개량된 한글 자음

훈민정음은 연서(連書)로 자음을 위와 아래로 내려쓰는 데, 이는 쓰는 데 좀 불편하고 어색한 점이 있다. 한글을 일찍이 라틴어처럼 가로로 풀어 쓰자는 국어학자들(주시경, 최현배)이 있던 걸 보아서, 훈민정음의 연서체 보다는 개량된 한글 '두 자음 가로 붙이기'가 바람직하다고 본다. 예 훈민정음 ᄫ을 애으로 개량해 사용할 수 있다. 그런 예를 아래에 두 줄로 나열해 놓았다:

1) 훈민정음 자음 이체자

ㄹ ㅁ ㅸ ㅹ ㅅ ㅆ ᄼ ᄽ ㅿ ㅈ ㅉ ㅊ ㅊ ㅊ ㆄ ㆅ ㆆ ㆁ

2) 개량된 한글 자음 이체자

ㅇㄱ ㅇㄷ ㅇㅁ ㅇㅂ ㅇㅅ ㅇㅌ ㅇㅍ ㅈㅇ

훈민정음과 개량된 한글 자음 비교

훈민정음	한글	영어(로마자)
ㅸ	ㅇㅂ	w
ㅹ		v
ㆄ	ㅇㅍ	f/ph
ㅱ	ㅇㅁ	aw
ㄹ		rh/hr
ㅿ	ㅈㅇ	s-z사이음(독어), gods (영어)
ㆁ	ㆁ	y (you)
ᄼ		치두음 s 히브리어 ω
ᄽ		ss 히브리어 ω
ᄾ		정치음 sh/ʃ, 히브리어 ω
ᄿ		ssh 히브리어 ω
ㅈ ㅉ		ʒ
ㅈ ㅉ		ʤ
ㅊ		ʦ
ㅊ		ʧ
ㅇㄱ	ㅇㄱ	gh(ghost, ghetto) 히브리어 ג(gh 기멜)
ㅇㄷ	ㅇㄷ	dh ð (the, father) 히브리어 ד(dh 달렡)
ㅇㅌ	ㅇㅌ	th θ (thank, south) 히브리어 ת(th 타우)

위에 열거 한 자음들 가운데 'ᄫ' 여린 비읍에서 '이응' ㅇ 은 위의 자음 'ㅂ'의 음을 약화시키는 연음소(軟音素)이다. 그는 맑고 빈 소리의 음가를 가진 비음운 (非音韻)이다. 표기상 연서, 즉 위와 아래로 자음을 겹쳐 쓰는 것이 불편해서인지, 유니코드 문자표에는 'ㅇ'이 자음 앞 왼쪽에 위치하게 한 것 같다. 예를 들면, ᄫ은 ㆄ으로, ㆆ은 ㆅ으로, ᅗ은 ㆀ으로 변형 개조한 것 같다. 한글이 라틴어만큼 세계 언어 발음을 갖추기 위해서 몇 가지 자음들만이라도 활용하면, 괄목할 만한 성과를 가져올 것이다. 그 동안 세계 도처의 외국인 학자들과 한국인들이 한글의 쉬움과 편리함과 온전한 발음에 대해서 충분히 좋은 의견을 나누어 이제는 너무 과잉상태에서 지루한 느낌마저 준다. 기원전 1000년경 만들어진 고대 페니키아에서 나온 라틴어(로마자)는 그 자체로 외국말을 표기하는 것이 불완전 하다. 그래서 자음과 모음에 발음기호를 추가해서 원음(原音)을 내려고 확장체제를 마련한지 오래다. 한글은 중국어나 일본어보다 라틴어 발음을 그대로 낼 수 있다. 이를 테면 'McDonald Hamburger가 중국어로 마이당로우 한뽀오 (麥當勞 漢堡)로, 일어로 마꾸도나루도 함바가(マクドナルド ハンバ-ガ-)로 억지로 발음이 되는데, 한글은 '맥도널드 햄버거'로 거의 완전한 발음을 낸다. 완전 하려면, '햄버거'의 '거ᇰ'를 쓰면 라틴어 발음과 똑같이 된다. 세계적으로 퍼져 나가 외국인들과 함께 일하면서 자기 나라 말과 문자를 알리는 데서 중국은 그들의 고대문명을, 일본은 전쟁역사를 자랑하지만, 한국은 한글 문자 문화를 알림으로써 우리의 브랜드 마크(商標)로 사용하는 것이다.

우리가 쓰지 않는 자음과 모음들은 인터넷 유니코드에 나와 있다. 문자 문화에서 우리의 경쟁자는 중국이나 일본이 아니라, 영미와 유럽이다. 이제 우리는 한글과 훈민정음의 활용으로 로마자를 뛰어 넘는 자모음(子母音)을 실용적으로 활용할 시기를 맞은 것이다.

7. 한글 자음의 로마자 음역과 모음 기호

한글 확장에서 로마자 외국어 음가를 위해서 한글 자음 6개 '그드브크트프'는 연서(連書, 예) ᄫ 풍, ㅃ, ᄝ, ᅙ 등)로 로마자 gh, dh, bh, kh, th, f/ph의 음가를 표기한다. 훈민정음의 연서 ᄫ, ㅃ, ᅙ, ᄝ, 풍은 고정되어 있지만, 로마자 gh ㄱ, dh ㄷ, kh ㅋ, th ㅌ 4 자음들은 새로 고안된 한글 연서(連書)이다. 이런 4개의 연서는 ᄫ v, 풍 f와 함께 연음(軟音, 사잇소리)으로 쓰일 만하다. 그러나 자음과 모음은 음절(音節)로 결합되어 그의 음가를 세대로 온전하게 표기되어야 하므로 단순하게 우리의 말이나 글로 쓰는 것으로는 완전한 것이라 하기 어렵다. 한글 자음의 로마자 음역에 따른 모음도 로마자 음절의 발음장단 기호를 붙여야 하기 때문이다. 물론 한글음절의 고저(엑센트)는 한글(훈민정음)의 평(平), 상(上), 거(去), 입(入)이 있어 문제가 되지는 않는다. 이웃 중국어나 서구 언어들은 공통적으로 한 자음, 모음의 음절에 음가(音價), 발음기호(記號), 발음의 장단(長短), 단어의 고저(엑센트)를 표기하여 사전적(辭典的)으로 확정해 놓고 쓰고 있다. 그런 가운데 한글과 일본어만은 이런 문자와 음가, 발음기호, 발음의 장단, 단어의 고저가 종합적으로 정리되어 있지 못하다.

최근 한글 확장 영역에서 한글의 로마자 음역을 위한 자음 확장(子音擴張)을 시도하고 있다. 그는 우선 F(풍), V(ᄫ), Th(ᄀ ㄷ, θ ㅌ)를 한글로 표기하자고 한다. 이런 단편적인 한글의 로마자 음가표기는 비전문가들에 의해서 시도되고 있으니, 만용스럽고, 애처롭기도 하다. 그럼에도 누구든 필요에 의해서 하면 에디슨 같은 발명가가 따로 있겠는가? 그럼으로 전문가 비전문가를 따지지 말고 연구결과가 설득력이 있으며, 누구에게나 공감할 수 있는 것이라면, '무에서 유를 창조하는 식'으로 관심을 가질 만하다고 보겠다.

문제는 한글 로마자(외국어)음역 표기는 주로 자음(子音)인데, 자음은 모음이 있어야 음절(音節)을 이룬다. 그러므로 자음을 표기하려면 그에 따른 모음이 동전의 양면처럼 불가분리하다. 그런 절차는 복잡하니 나중에 하자고 하겠지만, 실용적(實用的)으로 바늘 가는 곳에 실이 가야 한다는 속담처럼 자음과 모음을 결합해서 그의 음가표기와 모음의 장단 표기는 필수적이다.

이런 맥락에서 우선 그드브크트프(Ç ᅇ V/W χ θ f/ph)의 로마자 음가 표기와 수반하는 모음의 장단표기 4가지, 단모음 a, 장모음 ā, 최단 모음 ă, 최장 모음 â을 동시에 갖추어 한글의 로마자 자음 음가표기를 생각하는 것이 바람직하다고 하겠다.

위에서 언급한 음절의 고저(엑센트)도 4가지 평 상 거 입이라는 사성통해의 원리를 가진다. 말하자면 평 Ā, 상 Á, 거 Ã, 입 À 으로 표기 될 수 있겠다. 이는 프랑스어의 악상 에큐트 Á, 악상 그라브 À, 시르콩플렉스 Ã에 비교된다.

모음 사성 四聲 (성조, 聲調) 표기[54]

한글 4성 통해

평 Ā (평성은 편안하고 부드러우니 봄이라)
  예: 활(弓) (점이 없음)
상 Á (상성은 부드럽고 들어올리니 여름이라)
  예: 돌(石)
거 Ã (거성은 들어 올리고 씩씩하니 가을이라)
  예: 칼(刀)

---

[54] 조규태, 『훈민정음』, 45쪽, 방점사용 방법 참조

입 À (빠르고 막히니 겨울이라)
  예: 붇(붓 筆)

중국어 성조(聲調)

제1성 -   mā 처음부터 끝까지 쭉 길게 소리를 낸다.
           예. 엄마
제2성 /   má (도레)미에서 고음(高音)으로 올림. 예. 마(麻)
제3성 √   mǎ 중간 음에서 낮게 하다가 다시 높은 음으로
           꺾이듯 소리를 낸다. 예. 마(馬)
제4성 ＼   mà 높은 음에서 낮은 음으로 툭 떨어뜨리는
           소리. 예. 욕하다(罵)

프랑스어 악센트

트레마   ë 평(平) 성   제 1 성
악상 떼귀   á 상(上) 성   :돌   제 2 성
악상 그라브   à 입(入) 성   •붇   제 4 성
씨르콩플렉스 â 거(去) 성   •칼   제 3 성

정리

우리 한글 훈민정음의 평 상 거 입과 중국어 4성조 그리고 프랑스어 3악상(Accent)은 서로 공통되는 바가 있다. 그런데 우리 한글에서 입성과 거성은 공통적으로 음절 왼편에 점 • 하나를 갖는다. 상성이 점:인데 비해서 거성(去聲)이 점 • 하나로 표기되는 것은 고쳐질 필요가 있다고 본다. 어떻게 고치는 가는 앞으로 과제이다. 아무튼 우리 한글도 언어학사적으로 보면, 중국어 4성조와 프랑스 어 3악상과 같은 언어(諺語) 평상거입(平 上 去 入)의 방점(傍點)을 가지고 있다. 이런 방점은 한글의 한 음절(音節)왼편에 찍

는 점이다. 그러므로 방점은 결코 자음(子音)에 붙여져서 여린 자음, 사잇소리를 위한 부호로 사용하는 것은 부당(不當)하다. 이런 방점을 가점(加點)으로 사용하는 경우에도, 음절의 강도(强度,힘)와 고저를 표기하는 방점이 결코 자음을 약화시키는 기능에는 어울리지 않는다.

주의(注意)

가점방점 방식으로 로마자 음가표기를 위한 한글연음 자음(사잇소리) 음가표기는 다양한 표기들, 이를테면 일본어의 탁음(다구온, 濁音) が ぎ ぐ 의 탁음 부호 ˚ 도 로마자의 약음 부호 B̞ D̞ K̞ 의 약음 부호, 즉 자음 아래 ㅡ 도 우리 한글 훈민정음의 연음소 ㅸ 의 이응 ㅇ을 대신할 수 없다. 또는 어깨점 같은 ' 이나 ˏ를 자음 좌우에 붙이는 것도 바람직하지 않다. 하나의 음소의 역할을 하는데 있어서 그런 표기는 자음을 위한 음소(音素)가 되기 어렵기 때문이다.

훈민정음의 여린 ㅸ 제자원리에 따라 음운이 아닌 빈 소리의 이응 ㅇ만이 전통에 근거한 정통성(正統性)을 가지며, 연음(軟音, 사잇소리)을 만든다.

8. 구강상형 5개 음

우리 한글은 소리글로서 구강상형(口腔象形) 문자이다. 즉 표음문자인데, 이는 기본 자음 5개이다. 예를 아래에 제시한다:

1) 기본 자음 5개

(1) 구강 아음 ㄱ 은 ㄱ 형의 입천장소리를 낸다.
(2) 구강 설음 ㄴ 은 ㄴ ㄹ형의 혀 소리를 낸다.
(3) 구강 치음 ㄷ 은 위아래 치아를 부딪치는 소리를 낸다.
(4) 구강 순음 ㅁ 은 위아래 입술을 대는 소리이다.
(5) 구강 후음 ㅇ 은 열린 목구멍을 울려 내는 소리이다.

위의 기본 5 음은 다시 파열되거나 된 소리를 내게 한다.

2) ㄲ(강경음) ᆨ̇(연강음) ㄱ(정상음) ᆨ̇(연음)의 본보기 사례

한글 끝소리 된소리 음과 첫소리 된 소리음을 가획 점 · 하기 ㄱ ㄷ ㅂ ㅅ ㅈ 5개 자음 소리 종류의 세기표(부동표, 不同表)

(1) ㄲ > ᆨ̇ > ㄱ > ᆨ̇ 조건(조컨), 안건(안컨), 용권(용궈ㄴ)
(2) ㄸ > ᆮ̇ > ㄷ > ᆮ̇ 맞다(맞다)
(3) ㅃ > ᆸ̇ > ㅂ > ᆸ̇/ㅸ 바보(바뵤/바뵤)
(4) ㅆ > ㅊ > ㅅ > ᇫ 맵시
(5) ㅉ > ㅊ > ㅈ > ᅎ 차장면

한글 자음의 로마자 음역과 모음 기호 | 167

공깃밥을 발음 하는 경우 끝에 오는 밥은 빱 보다는 '밮'으로 발음함
'조건'에서 끝에 오는 ㄱ은 ㄲ 보다 'ㆁ' 으로 발음함
'맞다'에서 끝에 오는 ㄷ은 'ㄸ' 보다 'ᄃ'으로 발음함
'바보'에서 첫 ㅂ과 끝 'ㅸ'이 맞다
'맵시'에서 맵 다음 ㅅ 은 ㅆ 보다 'ᄎ'이 맞다
'자(짜)장면'에서 첫 자는 짜 보다 'ᄎ'장면이 맞다.
강음 ㄲ ㄸ ㅃ ㅆ ㅉ
병서형/연서형 연강음 ᄀ ᄃ ᄇ ᄉ ᄎ
정상음 ㄱ ㄷ ㅂ ㅅ ㅈ
연음 ᄀ ᄃ ㅸ/ᄇ ㅿ ᅀ

지금까지 한글은 훈민정음 체제에서 강음(된소리)과 정상음 사이에 연강음(ᄀ ᄃ ᄇ ᄉ ᄎ)이 없었으며, 정상음보다 약한 연음(軟音)은 있었지만, 쓰이지 않고 있었다.

앞으로 한글도 외국어들처럼 연강음(軟强音)과 연음(軟音)을 살려서 한글의 세계문자화를 실현하였으면 한다.

(1) 구강 아음 ㄱ은 ㅇ ㅎ ㅋ ㄲ의 후음이나 입천장소리로 확장된다.
(2) 구강 설음 ㄴ은 ㄹ ㄵ형의 혀 소리를 낼 수 있다.
(3) 구강 치음 ㄷ은 ㅅ ㅈ ㅊ ㅌ ㄸ 형의 거친 또는 된 치음을 내며, 확장 음을 낼 수 있다.
(4) 구강 순음 ㅁ은 ㅂ ㅃ ㅍ 으로 확장 될 수 있다.
(5) 구강 후음 ㅇ은 ㅎ ㅋ 으로 확장 될 수 있다.

3) 5개의 기본자음과 확장된 자음들

ㄱ, ㅇ, ㅎ, ㅋ, ㄴ, ㄷ, ㅅ, ㅈ, ㅊ, ㅌ, ㄹ, ㅁ, ㅂ, ㅍ,14개의 자음이 산출된다. 이런 5개 기본자음과 그의 확장된 자음은 발성 부

위가 하나에 제한되는 특징이 있다. 즉 입천장, 목구멍, 혀, 치아, 입술 중 하나의 부위로만 나는 소리가 한글 자음의 특징이다.

4) 연음 자음들의 구강상형

훈민정음 자음 중 순음 ㅂ 과 ㅍ 치음 ㄷ ㅌ은 외국어에서 특히 라틴어에서 v, f, th의 결합/조합된 구강상형의 이음(allophone, 동일한 음소의 다른 음)이 될 수 있다.

예를 들면, 영어의 v는 한글 ㅸ 뼝으로, 영어의 f 는 한글 ㆄ으로, 그리고 영어의 th의 ð는 한글 ᇊ(연서)로, 영어의 th의 θ 는 한글 ᇋ(연서)으로 다른 음소로 발음된다.

한글 ㅂ은 순음이며, 단순히 입술을 부딪쳐 내는 음이지만, 영어의 v는 한글 ㅂ보다 약한 뼝/ㅸ에 가깝다. 그러나 v는 조합된 이음(異音, kombinatorische Allophone)으로서 윗니로 아랫입술을 부드럽게 부딪쳐 내는 연한 소리인데, 이런 음이 한글 구강상형에는 없다는 것이 문제가 된다. 왜냐하면 한글에는 구강상형에 조합된 이음체제가 없었기 때문이다.

그럼에도 훈민정음 ㅿ (ㅅ과 ㅈ사이음) 반치설음은 치아와 혀를 부딪쳐 내는 소리이다. 이는 조합된 이음(異音)의 본보기가 된다. 이런 조합된 이음의 원리를 활용해서 이제라도 우리는 영어의 f, v, th의 조합된 이음을 한글 자음으로 대치할 수 있는 길을 열어 놓아야 할 것이다. 이런 조합된 이음 사용과 동시에 우리는 단순 구강상형 문자의 음을 조합된 이음으로 구강(口腔)의 2개의 부위(部位), 즉 치순음(F, V), 치설음(Th)을 수술적(手術的)으로 수정해서 노력할 의무가 있겠다.

5) 조합된 이음 (調合/結合된 異音, kombinatorische Allophone)

센 치순음 (硬齒脣音) F를 ㆄ으로 대치함,
여린 치순음 (軟齒脣音) V를 뼝/ㅸ 으로 대치함,

센 치설음 (硬齒舌音) Th θ를 ᅙ으로 대치함,
여린 치설음(軟齒舌音) Th ŋ를 ᅌ으로 대치함

우리말 훈민정음의 이응 'ㅇ'은 구강상형에서 '목구멍소리'이다. 그와 같이 히읗 ㅎ도 목구멍소리이다. 그래서 한글 확장 연구자들 중에 연음 자음 ㆄ을 ㅍㅎ으로 쓰자는 분들도 있다. 그는 이응 ㅇ이나 히읗 ㅎ이 다같이 목구멍소리인데, 여린 ㅸ은 되고, ㅍㅎ이 안 될 이유가 없다고 할 수 있다. 영어에서 P의 여린 음은 Ph로 쓰기 때문에 우리도 영어처럼 Ph를 읽는다면, 한글도 ㅍ의 여린 음을 ㅍㅎ로 쓸 수 있다는 주장인 것 같다.

그럼에도 우리글은 어디까지나 우리글로서 훈민정음의 역사와 전통이 있다. 이응 ㅇ과 히읗 ㅎ이 다같이 '목구멍소리'(후음)이지만, 훈민정음 음소 연구에서는 훈민정음 창제이후 중세국어에서 이미 연음소 이응 ㅇ이 ㅱ ㅸ ㆄ ㅹ 으로 정해져 쓰였으며, 글자 모양도 연서(連書)체제로 고정 되었다. 그리고 초성의 합용병서(예. 싹)는 각자 병서(예 떡)로 변경된 지 오래이다.

우리글을 훈민정음에 근거해서 연음자음(ㅸ, ㆄ)을 가로로 풀어서 ㅂㅇ, ㅍㅇ 또는 이에 준하는 합용병서 체제를 제안하는 분들이 있지만, 이런 가로 형 체제는 좀 다르기는 하겠지만, 일찍이 주시경 같은 한글 학자도 한글을 라틴어(로마자)같이 가로로 풀어 쓰자고 문자개혁을 제안했지만, 효력 없이 무산된 역사가 있었다.

3장 결론

1. 훈민정음 전통을 따른 세계정음 한글

세계 정음 한글 음가 도표 시안에 의거한 설명

1) 현행 한글은 훈민정음 24자로 제한해서 자음 14자와 모음 10자를 표준화하였다:

    자음 ㄱ ㄴ ㄷ ㄹ ㅁ ㅂ ㅅ ㅇ ㅈ ㅊ ㅋ ㅌ ㅍ ㅎ 14 자
    모음 ㅏ ㅑ ㅓ ㅕ ㅗ ㅛ ㅜ ㅠ ㅡ ㅣ 10 자

2) 훈민정음 28자 (사라진 4 자모 포함)

    자음 ㄱ ㄴ ㄷ ㄹ ㅁ ㅂ ㅅ ㅿ ㅇ ㆁ ㆆ (아래아 ㆍ)
           ㅈ ㅊ ㅋ ㅌ ㅍ ㅎ 18자
    모음 ㅏ ㅑ ㅓ ㅕ ㅗ ㅛ ㅜ ㅠ ㅡ ㅣ (반 모음 아래아 ㆍ)

3) 훈민정음 이체자

    ㅇ ㅁ ㅂ ㅽ ㅍ ㅎㅎ (훈민정음 28자 + 6 = 34자)

4) 세계정음 한글 (ᅙ ᄃ ᅴ ᄐ 의 문자형들 (도표 참조))

  훈민정음 이 체자에 세계정음 한글 추가는 38자가 됨
  ᅙ 로마자 ç 예. 네델란드어 Guus Hidinck에서
                Guus 휘스(çʊʊσ)
  ᄃ 로마자/그리스어 ð 예. Father fɑːðər
  ᅴ 로마자/그리스어 χ 예. Buch Buːx
  ᄐ 로마자/그리스어 θ 예. Thank θæŋk

5) 훈민정음의 사이음 연음(軟音) ㅱ ㅸ은 이미 산스크리트어와 몽고/중국어의 음가를 대비한 것이고, 훈민정음이 한글 고유어 표기에만 머물지 않고, 세계 언어까지 표기하고자 창제된 것임을 알 수 있다. 예를 들면 용비어천가(1445-1447년)의 주해에 여진 어와 몽골어가 표기되었고, 훈민정음언해(1447년 7월 이전)에 중국어의 치두음, 정치음에 대한 표기 규정이 명시되어 있다. 석보상절에서는 산스크리트어를, 홍무정운 역훈에서는 중국어를 훈민정음으로 음역표기한 바가 있다. 그 후 외국어의 '훈민정음' 표기법의 전통이 17-18세기까지 그대로 전승(傳承)되었다. 이에 대한 한글 음역에 관한 것은 훈민정음 28자 이외의 필요한 음가표기는 조선어 학자들에 의해서 20세기 초까지 제안되어 왔다(1527년 최세진, 1923년 권정선과 김두봉).

6) 한글의 과제

(1) 중국어의 4성 악센트 표기와 불어와 영어의 악상 테큐, 악상 그라브, 시르콩플렉스를 우리의 훈민정음의 평 상 거 입 체제로 활용한다.

(2) 훈민정음의 ㅸ 연음 제자원리가 일본어의 탁음(濁音, 우리 말 전 청음(全 淸音에 해당) 보다 여린 음가이라면, 지금까지의 청각적(聽覺的)인 음가를 시각적 (視覺的)인 음가로 표기할 필요가 있겠다.

(3) 즉 자음의 연음 부호, 모음의 장단과 그의 악센트 부호를 종합적으로 작성하여 세계국가들이 갖춘 문자의 '시각적인 부호'를 '한글'(세계정음 한글)에도 갖추는 것이 바로 '한글의 세계화' 또는 '한글의 세계 문자화'가 되는 것이라 본다.

세계정음 한글 음가 도표

한글 정규 초성	훈민정음 이체	한자	로마자	히브리어 음가
ㄱ		群	g	ג
	ᅌ	見	ç	ג
ㄴ		那	n	נ
ㄷ		斗	d	ד
	ᄃ	池	ḋ	ד
ㄹ		羅	l	ל
	ᄙ	閭	hr	ר
ㅁ		彌	m	מ
	ヽ	-	ə	ׇ
	ㅁ	莫	aw	ִי
ㅂ		法	b	ב
	ㅸ	非	w	ו
	ㅃ	奉	<u>b</u>	ב
ㅅ		戌	s	ס
	ㅿ	穰	z	ז
	시/씨	心	ś	שׁ
	사/썬	審	š(ʃ)	שׁ
ㅇ		欲	'(ʔ)	א
	ㆁ	業	Y	׳
	ㆆ	挹	'(ʕ)	ע
ㅈ		子	z	ז
ㅊ		侵	ṣ	צ

ㅋ		肸	k	ɔ
	ᅌᅳ	呿	<u>k</u>	⊃
ㅌ		他	t	ת
	ᅌᅳ	咃	θ	ת
ㅍ		漂	p	פ
	ᅌᅳ	夫	f	פ
ㅎ		曉	h	ח
	ᅘ	洪	ch(χ, ḥ)	ח

2. 인류 문명사 속에서의 한글의 외국어 표기

  기원전 8세기경부터 지중해 연안 그리스, 페니키아, 그리고 소아시아 리디아인들(지금의 터키)은 기근을 피해 풍부한 자원과 해상통로를 개척하기 위해 이탈리아 반도로 이주했던 역사가 있다. 처음에는 그리스인들이 이탈리아 반도를 지배하려고 했지만, 그는 에트루리아 인과 라틴인 사이에서 그리스어만 가르쳐주고 서서히 약화되어 갔다. 그리스어는 고대 페니키아 알파벳에서 따 온 것이다. 소아시아(터키) 지역에서 기근을 피해서 에트루리아인들은 이탈리아 남부에 정착하였고, 거기서 그들은 대략 9개 종족들과 섞여 살았다. 그 가운데 3종족들 움브로-사벨리인, 우스킨인, 에트루리아인은 비(非) 인도 유럽어 권에 속하는 데, 특히 에트루리아인은 인도 유럽어도 셈어도 아닌 말을 가졌다. 그래도 그들은 그리스어를 빌려 자기 말을 그리스어로 음역(音譯)하여 쓰면서, 라틴인에게 그리스어를 전해주었다. 그러나 기원전 6-5세기경 라틴인은 독자적으로 그리스어에서 라틴문자를 만들어 고유문자로 가졌다.
  에트루리아인이 고유 문자 없이, 그리스어로 자기 말을 음역해서 쓰는 동안, 라틴인은 자기 문자를 지중해 세계문자로 발전시켜 나아갔다. 정치, 군사, 경제, 문화적인 측면에서 로마인은 그리스와 소아시아의 고등 문화와 예술을 받아들이면서, 그들을 차례차례 무너뜨렸다. 에트루리아인은 로마인과 함께 기원 전 3 세기까지 로마를 지배했건만, 결국 로마인에게 넘겨졌다. 여기에 두 가지 원인이 있었다. 하나는 에트루리아인은 뛰어난 군사기술을 가지고 있으면서도, 자기 문자 없이 그리스어 음역에 의존해서 정보통신을 하니, 그것은 정확성과 신속성에서 라틴인의 문자를 따르지 못했다. 다른 하나는 로마인은 동맹 체제를 공고히 하면서, 공정과 신의를 지켜, 동맹 족에게 포용성과 자유를 주었다. 그 반면, 에트루리아 인은 주변 족들과 경쟁, 반목, 시기하면서, 내부 분열로 힘을 소진하여 위기의 로마를 대항할 힘마저 없었다. 에트루리아인은 원래 정치적인 의지보다 상업주의 속성을 가지고 부를 축적하여 극도의 사치생활에 빠졌다. 그래서 그리스인들은 그를 사치스러운 종족으로 혹독하게 평하였다. 우리는 중국과 일본 사이에서 동남아 국가들 보다 우수하다고 하겠지만, 동북아시아 3국 중 꼴찌 3국이 아닌가? 일찍이 중국 보다 앞선 역사를 가지고 있으면서(기원전 4000년 요하문명), 문자는 한자를 빌려서 지배층은 한문을 쓰고, 피지배층은 한자어 획을 따서 이두(吏讀)를 썼으니, 천년만년 중국 문화국에 예속될 수밖에 없는 운명의 소유자가 아닌가? 물론 우리는 한자를 일본에게 전하기도 했다(백제왕인 박사). 그러나 일본은 부족하나마 카다가나 히라카나 50음절 문자를 만들어 썼다.

 인류문화사적으로 동서를 보니, 서쪽 소아시아에서 이탈리아 반도로 건넜던, 에트루리아인이 그리스어를 로마인에게 전했으면서도, 자기는 문자 없이 그리스어를 음역해서 썼든 것처럼, 우리는 중국 서북과 동북에서 중국과 함께 대륙을 지배했지만, 한반도로 와서, 우리 문자 없이 한문을 빌려 쓰거나, 우리말을 한자어 획을 따서 이두문을 썼었다. 세종대왕의 한글 창제가 500년 세월이 지났지만, 현 한글 24자모로 외국어 표기가 불완전하여 연일 조선일보 『편집자에게』난을 통해 '새 문자 논쟁'이 계속되고 있다. 보자! 세계주요 문화 국가의 문자는 대개 자음만 22개 정도이다. 한글은 14개 자음뿐이다. 주요 국가 자음 보다 8개가 부족하다. 유럽의 수 십 개 국가들은 2000년 동안 정치적으로 로마제국에게, 종교적으로는 로마 교황에게 충성하면서 지배를 받았지만, 독일 북단 맹장 같은 덴마크와 그 아래 네덜란드는 자기들 고유말과 문자가 있다. 알파벳의 형태는 달라도 근본적인 자음과 모음의 음가는 라틴문자 체제를 갖추고, 발음은 달라도 서로 공통되는 음가를 가지고 있다.

이와 같이 우리도 중국과 다른 한글을 가지고 있지만, 음가(音價)만이라도 중국의 자음 21개에 맞출 수 있지 않은가? 이것도 '사대주의'라 하겠는가? 오늘 세종대왕께서 세계를 순방하신다면, 귀국 즉시 부족한 8개 자음을 더 만들어 국민에게 반포(頒布) 하실 것이다.

본서를 통해 필자가 세계정음 새한글을 제기하는 근거는 바로 1446년의 훈민정음해례에 있다. 이는 1933년 조선어학회가 한글마춤법 통일안으로 4자모들과 여린 양순음 ㅸ 제자원리를 제거한 것이 훈민정음창제 원리를 충분히 이해하지 못한데에 있겠다.

이 책에서 주장된 새한글은 훈민정음 4자모들에다 훈민정음 제자원리에 기발하여 만들어진 이체자들로 구성되어 있다. 이 새한글 체제는 중국어 자음 22개, 인도 산스크리트어 자모들, 히브리어 자음 23개, 라틴어 21개와 대응하는 23-24의 한글 자음체제가 되어 세계정음이라 할 수 있다고 본다

우리의 문자가 세계 문자로 인정받는 길은 이제 '세종대왕의 마음'을 닮는 것이 최선의 길이다. 현재는 각자가 고뇌하면서 한글발음의 충분조건을 제안하고 있지만, 문자의 천년 대계(大計)는 국어 학자들이 긍정적으로 검토할 사안이요, 국가가 준비해야 할 민족 역사의 문제이다.

훈민정음해례본(1446년)에 기초한 훈민정음의 7가지 특징을 정리하면 다음과 같다.

1. 한글 28자모 중 자음 17자와 이체자들, ㅁ ㅸ ㅍ ㅹ 는 한국 고유요소와 외래요소까지 고려하여 넣은 체계이다.

2. 사라진 자모 4자와 여린 양순음 ㅸ 은 주로 한자음, 원음표기를 위한 이체자들이다.

3. 이체자들은 1446년 이후 100년 안쪽, 혹은 17-19세기에 사라졌다.

4.사라진 3자음과 여린 양순음 ㅸ은 음성학적인 연구와 발음기관을 상형한 5문자들이다.

5. 순경음 제자원리의 ㅱ ㅸ ㆄ ㅹ 이 있어야 한다고 되어 있으나 그에 대한 구체적인 설명이 없다.

6. 연음소 ㅇ을 획으로 음성학적인 동일계열 글자의 파생해내는 방법에 따라 방석종은 순경음 ㅸ (ᄇ̊) (w) 외에 아경음 ᄀ̊ (ç), ᄏ̊ (x), 치경음 ᄃ̊ (ᄁ), ᄐ̊ (θ) 등의 연음 자음들을 확장하여 중국어, 로마자, 히브리어의 연음원음을 한글로 온전히 표기하는 것을 고안하였다.

7. 훈민정음 28자 중 사라진 4자모와 이체자는 현대적 의미로 "세계정음 새한글"로 개념화할 수 있다. 왜냐하면 그런 자음이 중국 한자어 음을 표기하기 위해 창제되었지만, 1446년 이후 100년이 지나지 않아 사라진 것을 이제는 외국어 원음을 살리기 위해 복원하자는 목적이 있기 때문이다.

참 고 문 헌

강길운. 『훈민정음과 음운체계』. 한국문화사. 2005. (2판)

강신항. 『국어학 산고』. 월인. 2007.

고명 편. 『고문자류편』. 동문선. 2003. (재판)

고영근, 『표준 중세 국어문법론』. 집문당. 2007. (8쇄)

구석규 裘錫圭 저. 이홍진 역. 『중국 문자학』. 신아사. 2001.(2쇄)

국어연구소 편. 『음성 언어 자료와 국어연구』. 월인. 고려대 민족 문화 연구원. 2002.

김대행. 『국문학과 문화』. 월인. 한국고전문학회. 2001.

김동소. 『중세 한국어 개설』. 한국문화사. 2003. (재판)

김무림. 『홍무정운 역훈 연구』. 월인. 1999.

김민수. 『파니니 문법의 규범생성 모형연구』. 월인. 2001.

김성렬. 『중세국어 모음 연구』. 국학 자료원, 2000.

김영배. 『국어사 자료 연구』. 월인. 2000.

김종호. 『정통 중국어 문법』. 한티미디어. 2007.

민영진. 『국역성서연구』. 성광문화사. 1984.

박창원. 『중세국어 자음 연구』. 한국문화사. 1996.

방석종. 『출애굽기 역주』. 월드북. 2015.

_____. 『훈민정흠의 세계 문자화』, 전통문화연구회, 2008.

_____. "히브리어 고유명사 한글 음역의 문제". 『성경 원문연구』. 대한성서공회. 2001.

박창원, 『중세국어 자음 연구』, 한국 문화사, 1996년.

상원무 외 공저. 박귀진 외 해설. 『중국어 문법책』. 시사중국어사. 2007.

송기중 외 공저. 『한국의 문자와 문자 연구』. 집문당. 2003.

신해진. 『조선후기 세태 소설선』. 월인. 1999.

양동숙. 『그림으로 배우는 중국문자학』. 차이나하우스. 2006.

오호곤 吳浩坤. 반유 潘悠 저. 양동숙 역. 『중국갑골학사』. 동문선. 2002.

오현정, 하스이케 이즈미 외 공저, 『다이나믹 일본어』, 2011.

왕우신 王宇信 저. 이재석 역. 『갑골학통론』. 동문선. 2004.

우민섭. 『중세국어 음운연구』. 전주대학교출판부. 2000.

유창돈. 『이조어 사전』. 연세대학교출판부. 2005. (15판)

유필재. 『서울 방언의 음운론』. 월인. 2006.

이기문, 『개화기의 국문연구』. 일조각. 1975

이탁. 『국어학논고』. 정음사. 1958.

임지룡 외 공저. 『학교문법과 문법교육』. 박이정. 2006.

정광. 『훈민정음의 사람들』. 제이엔씨. 2006.

정길남. 『성서의 우리말 연구』. 서광학술자료사. 1994.

정우영. "국어 표기법의 변화와 그 해석 - 15세기 관판 한글문헌을 중심으로".『한국어학』 26. 한국어학회. 2005.

조규태.『번역하고 풀이한 훈민정음』. 한국문화사. 2000.

조철수.『한국 신화의 비밀』. 김영사. 2003.

진위심 저. 이규갑 외 공역.『갑골문도론』. 학고방. 2002.

차재은.『중세국어 성조론』. 월인. 1999.

최태영.『우리말 연구』. 월인. 2002.

허동진.『조선어학사』. 한글학회. 1998. (초판)

홍윤표. "훈민정음에 대한 몇 가지 주장".『훈민정음학회 국내학술대회 발표논문집 - 훈민정음과 오늘』. 2-29쪽.

E. 뷔르트봐인, 방석종 역.『성서본문비평입문』. 대한기독교서회. 1987

본문

마소라 본문: BHK (Biblia Hebraica Kittel). Wuerttembergische Bibelanstalt Stuttgart. 1974.

마소라 본문: BHS (Biblia Hebraica Stuttgartensia). Deutsche Bibelgesellschat, Stuttgart. 1987.

헬라어 역본: Septuaginta LXX (칠십인역). I-II. Wuerttembergische Bibelanstalt Stuttgart. 1935(1971).

중국어 성경역본.『신구약전서 新舊約全書』. 연합성경공회. 2001.

일본어 성경역본.『성서 聖書 구어역 口語訳』. 일본성서협회. 2001.

『한글 국어 개역 개정본』. 대한성서공회. 1997.

문법

Gesenius-Kautzsch, Heraeische Grammatik, Georg Olms. 1909년(1962년. 28판).

O. Grether. Hebräische Grammatik für den akademischen Unterricht. Claudius Verlag München. 1967.

E. Jenni. Lehrbuch der Hebraeischen Sprache des Alten Testaments, Helbing. 1978.

방석종. 『히브리어 문법』. 대한기독교서회. 2001. (3판)

방석종. 『구약원문 해석 가이드』. 한들 출판사. 2001.

사전

Georges, Lateinisch-Deutsches Handwoerterbuch, 1.Bd., 1972.

G. Wahrig. Deutsches Woerterbuch. Tabelle der Aussprachezeichen. 26. Bertelsmann Lexicon-Verlag. 1977.

H. G. Liddell and R. Scott. A Greek-English Lexicon. Oxford, Clarendon Press. 1977.

RGG (Die Religion in Geschichte und Gegenwart), J.C.B. Mohr Tuebingen. 1963. Benutzungshinweise. XXXV-XXXVI.

Maurice Davau. Dictionnaire du fancais vivant. signes phonetiques et transcription. Voyelles et consonnnes. xv. Bordas/Paris. 1972.